U0480387

山西博物院约读系列丛书

文物捐赠人

山西博物院 编著

科学出版社

北京

图书在版编目（CIP）数据

文物捐赠人/山西博物院编著. —北京：科学出版社，2023.11
（山西博物院约读系列丛书）
ISBN 978-7-03-076774-5

Ⅰ.①文… Ⅱ.①山… Ⅲ.①文物保护—中国—文集
Ⅳ.①K87-53

中国国家版本馆CIP数据核字（2023）第202752号

责任编辑：樊　鑫/责任校对：王晓茜
责任印制：肖　兴/设计制作：金舵手世纪

科学出版社 出版
北京东黄城根北街16号
邮政编码：100717
http://www.sciencep.com

河北鑫玉鸿程印刷有限公司　印刷
科学出版社发行　各地新华书店经销

*

2023年11月第 一 版　开本：787×1092　1/16
2023年11月第一次印刷　印张：15 1/2
字数：215 000

定价：128.00元
（如有印装质量问题，我社负责调换）

序 Foreword

　　山西博物院始建于1919年，是中国最早设立的博物馆之一。时光荏苒，历经百年风雨洗礼，山西博物院已成为国内知名的大型现代化、综合性博物馆，也成为全省最大的文物收藏、保护、研究的中心和展示山西历史文化的窗口。以"晋魂"为主题的陈列展览循历史脉络，聚文明亮点，凝聚了山西乃至黄河中游、中国北方百万年历史发展与文化积淀之精华，也集中诠释了三晋在华夏文明最辉煌的片段。而作为山西文化艺术的殿堂，山西博物院始终以守望文明、传扬三晋历史文化为己任，以公众文化需求为出发点，成为弘扬中华传统文化的重要平台。

　　山西博物院馆藏文物五十余万件，这其中社会捐赠是一项重要来源。这些捐赠文物既有文人学者和收藏家的慷慨解囊，也有普通百姓的无私捐献；既有社会团体和企事业单位的热心襄助，也有海外赤子的真情馈赠。捐赠文物类型包括书画、造像、青铜器、陶瓷等。一百年集腋成裘，蔚为大观。社会各界捐赠者的善行义举，共同见证了山西博物院的成长历程，正是有了社会各界的无私捐赠，才使这些文物得以在博物馆收藏、展示、研究和保护。每项捐赠背后，都包含了中华儿女的赤子之心。这些名留青史的义举，功在当代，利在千秋，体现了中华儿女对国家民族和故乡桑梓的赤诚与奉献，这样的拳拳之心更是中华民族生生不息的强大精神内核。

　　《约读》是山西博物院借助多媒体平台，以声音为记录和传播手段推出的一档原创性文物考古和博物馆知识的普及栏目。该栏目先后推出"考古人系列"、"晋博百年系列"，受到业界和社会的广泛好评，已然成为山西博物院品牌教育项目。最新推出的"文物捐赠人"系列，邀请到捐赠者的亲友，讲述捐赠者背后感人至深的故事，让公众能够感受到捐赠者淳淳厚德、无私家风与守护文明的初心。

在栏目组各位同事的辛勤努力和参与栏目录制的各位捐赠者及亲友的配合下，《约读》栏目第二季的阶段性成果结集出版，让公众可以了解到更多藏品背后的故事，同时在阅读这些充满感情的文字中体会到如沐春风的温暖。社会各界捐赠者的深情厚谊我们感怀于心，也期望更多社会捐赠者慕善行而不怠，让无私精神得以传承和延续！

让我们向这些社会各界的捐赠者致敬！

彰显令德，以启来人，社会捐赠的美德，也定会蔚然成风。

山西博物院院长 张元成

2023年11月

目录 Content

页码	标题	作者
1	此情可待成追忆	冀复生
15	厚土荒山记	王满晟
28	笔下的故土	张培林
41	收藏捐献古代壁画的心路历程	田亦军
52	云冈石窟第十九窟菩萨头像与第七窟天王头像回归纪实	王纯杰
67	忻东旺的艺术人生	张宏芳
77	我的父亲苏高礼	苏海江
89	父亲赵梅生的赤子情怀	赵紫峰
97	父亲的艺术人生	闫晓荣
110	父亲郑林捐赠文物的故事	郑江豹
122	父亲力群的艺术生涯	郝兰
135	三十年前老一辈人的捐赠往事	段晓飞
148	沧海遗珍——忆太原电解铜厂拣选文物	李勇
167	追忆父亲保护文物的故事	雷仉
179	我的姥爷梁燏	刘赳
191	永不消逝的思念——追忆书画大师董寿平先生	赵宝琴
199	父亲捐赠文物的善举	吴晓梅
211	常家庄园走出的国学大师——常赞春	常孝东
221	追忆父亲捐赠文物的故事	钱悦珍 钱平
229	百川汇海——山西博物院接受社会捐赠回顾	曹玉琪

百川汇海
——山西博物院接受社会捐赠回顾

曹玉琪

一百年前，山西博物院向社会发出征集文物启事，制定捐助纪念条例。百年间，社会各界人士共襄盛举，踊跃捐赠家藏，蔚为大观。

三百多位捐赠者捐献的文物，积淀了仁人志士对国家民族和乡土桑梓的赤诚与奉献。

彰显令德，以启来人，社会捐赠文物的善举和美德，定会蔚然成风，可谓集涓细而成流，汇百川以归海……

图一 历史文物藏品账册

藏品是博物馆存在和发展的基础，是博物馆最重要的组成部分。藏品来源除考古发掘、田野调查、收购等渠道，还有一个主要方式就是接受社会捐赠（图一）。

查阅藏品账册、档案，截至目前，山西博物院累计接受了300多人捐赠的重要文物（图二），主要集中在三个阶段。

第一阶段：1919年至1949年

1919年10月山西博物院的前身——山西教育图书博物馆成立，在此后的30年里，博物馆接受了常赞春、马鑫、呼延鑫、张顾三、郑壁如、荆磐石等有识之士捐赠的文物，其中有不少精品。荆

磐石先生捐赠的清康熙青花飞雀牡丹纹罐，釉色青色鲜艳，纹饰生动活泼，体现了清康熙青花瓷器的精湛工艺（图三）。

图二 山西博物院百年（1919～2019）捐赠者名录

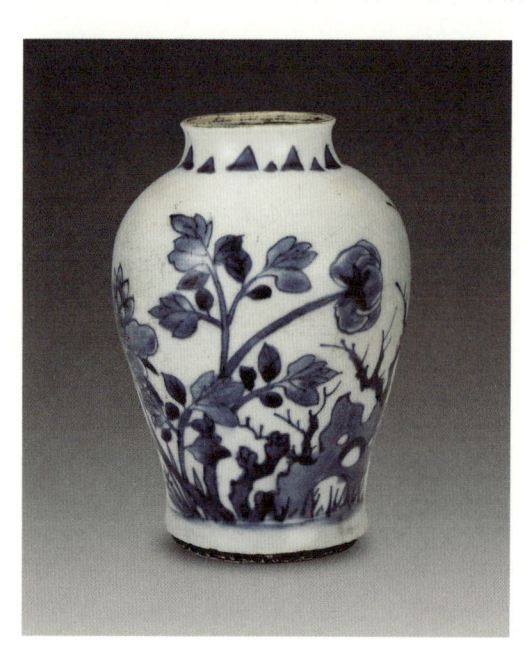

图三 1947年荆磐石先生捐赠清代青花飞雀牡丹纹罐

这一时期捐赠文物最多的是常赞春先生，共捐赠107件。常赞春1877年出生于山西榆次车辋村，是晋商巨贾常氏第十四世。常赞春是民国山西著名的教育家、书画家，也是博物馆建设的倡议者之一（图四）。

捐赠的文物中，明清书画有103件，以傅山、陈廷敬、孙嘉淦、祁寯藻、祁世长、赵昌燮等山右名家作品为主，为探寻三晋书画艺术发展轨迹与起承流变提供了实物资料（图五）。

图四　常赞春

图五　常赞春先生捐赠清代祁寯藻行书七言诗轴

第二阶段：1949年至1965年

新中国成立到"文革"开始前，是山西省博物馆接受社会捐赠文物最多的一个阶段。1965年陵川县小学教师段振华先生捐赠6件宋版残经，其中《大般若波罗蜜多经》（卷第二百六）是山西首次发现的《开宝藏》零本。《开宝藏》是我国第一部雕版佛教大藏经，开雕于北宋开宝四年的益州，也就是今天的四川成都，《开宝藏》是北宋官版大藏经，在版刻史上具有里程碑意义（图六）。

目前海内外仅山西博物院、中国国家图书馆、日本京都南禅寺等八家机构保存12卷。2018年西泠印社春季拍卖会曾以240万元高价（不含佣金）拍出2帧残页，创宋版残页的最高拍卖纪录。段振华先生捐赠的《大般若波罗蜜多经卷》是开宝五年刻元符三年（公元1100年）的印本，距今已920多年，被国家列入第一批珍贵古籍名录，价值连城。

著名书画家、美术理论家董寿平（1904～1997）先生（图七）1961年、1962年捐赠明清书画13件，其中傅山《草书诗文册》2009年被国家列入第二批珍贵古籍名录（图八）。

此外，还有董文焕《汉书下酒图》，秦炳文《太华冲雪图》，祁之缪、秦炳文合画的《抚膝肄书图》等与董家有关的文物，具有珍贵的史料价值。

常赞春之子常凤铉先生1961年将家藏书画、印章、

图六 段振华先生捐赠《开宝藏》之《大般若波罗蜜多经》（卷第二百六）

图七 董寿平

图八　2020年山西博物院展出董寿平先生捐赠的部分书画

紫砂壶等32件文物捐赠给山西省博物馆，其中《雨中花鸭图》是傅山晚年的精品画作，具有极高的艺术价值（图九）。

《雨中花鸭图》上有常赞春、常旭春、郭象升、鲍振镛、张友桐、贾景德题诗，诗书画合璧，颇为珍贵。常氏父子捐赠文物累计140件，他们无私奉献的高尚情怀，令人敬佩。

冀朝鼎（1903~1963），山西汾阳人，著名经济学家和国际活动家，历任中国国际贸促会副主席、中国银行副董事长等职（图一〇）。

冀朝鼎先生喜欢收藏，以明清书画为主。他逝世后，夫人罗静宜女士代其实现为家乡博物馆捐赠文物的心愿，于1964年捐赠陈继儒、王铎、包世臣、华喦、傅山等名家书画50件。其中，傅山的作品11件，以行草书为主，笔势连绵飞动，古拙苍劲，代表了傅山豪迈不羁的书法风貌。傅山是山西博物院书画收藏的重点，一次入藏10余件作品，实属幸事（图一一）。

吴元善是江苏宜兴人，宜兴吴氏是历史上的名门望族。

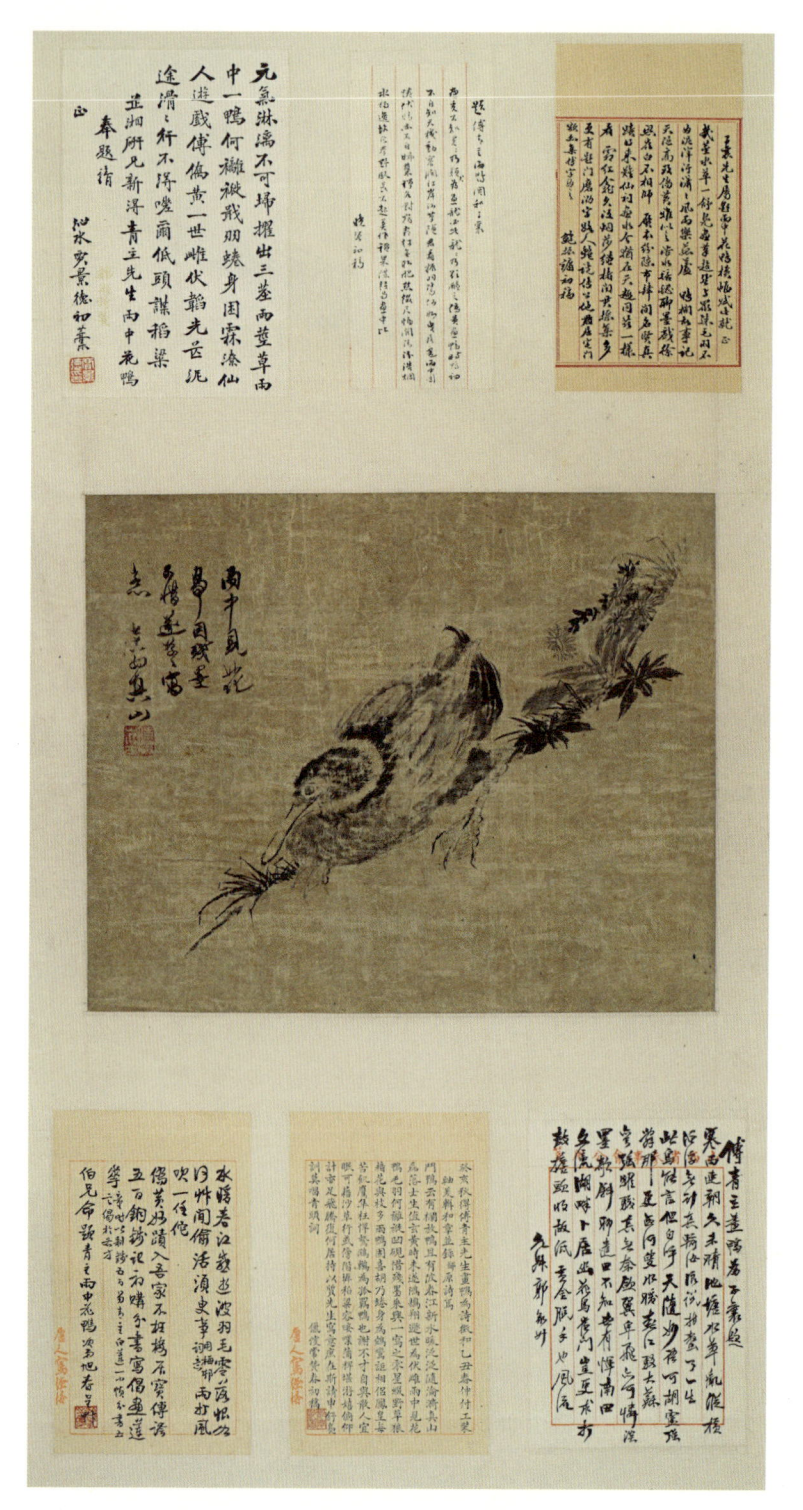

图九　1961年常凤铉先生捐赠的傅山《雨中花鸭图》

1937年吴先生毕业于北平大学工学院机械系，曾任太原矿山机器厂总工程师。在吴先生的心中山西就是他的第二故乡。20世纪50年代，他曾向山西省博物馆捐赠文物22件，改琦《子夜歌图》、傅山手批翻译集等颇为珍贵（图一二）。

2019年暑期，我有幸在博物院接待了吴先生的子女，他们看见父亲捐赠的作品得以妥善保存和合理利用，激动不已，言语中充满着对父亲由衷的敬佩、支持，他们认为博物馆就是这些文物最好的家。

捐赠者中也有许多文物工作者，如高寿田、刘静山、曾广亮、梁隽（图一三）等前辈，他们的捐赠行为在一定程度上起到示范作用。

梁隽先生曾任山西省博物馆副馆长，是古代书画鉴定专家，他于1954年、1961年捐赠李文烛、倪元璐、王岱等明清书画35件，具有极高的艺术价值。

图一〇　冀朝鼎

图一一　2020年山西博物院展出冀朝鼎先生捐赠的部分书画

《晋绥人民画报》主编、著名版画家力群（1912~2012）先生1958年捐赠年画、《晋绥人民画报》等宣传品50余件。其中《晋绥人民画报》自1946年1月创刊至1947年5月停刊，计32期，保存完好，弥足珍贵。力群原名郝丽春，是山西灵石人，新中国成立前担任《晋绥人民画报》主编（图一四）。

第三阶段：1978年至今

改革开放推动了市场经济的快速发展，也带动了文物市场的繁荣，社会捐赠虽没有二十世纪五六十年代多，但不乏珍品、精品。

1986年钱自在先生捐赠书画、瓷器、印章等文物110件，不仅数量多，品质也极高。钱容之（1915~1998），原名钱如海，字自在，山西文水人，早年在北京拜书画家徐宗浩为师，学习书画和鉴定，是京城有名的收藏家（图一五）。

钱先生捐赠的22件书画文物中有3件元代作品，分别是顾安《风竹图》、发僧《祇园大会图》和无款《起蛟图》，具有极高的艺术价值（图一六、图一七）。

钱自在先生还捐献了瓷器69件，烧造年代从唐至清末，有唐代白釉碗、明万历青花人物盘、明嘉靖青花折枝花卉纹碗、清宣统黄釉盘，等等。据钱先生讲这批文物是"文革"时查抄，落实政策后给予返还的。在捐给山西省博物馆之前，曾有多

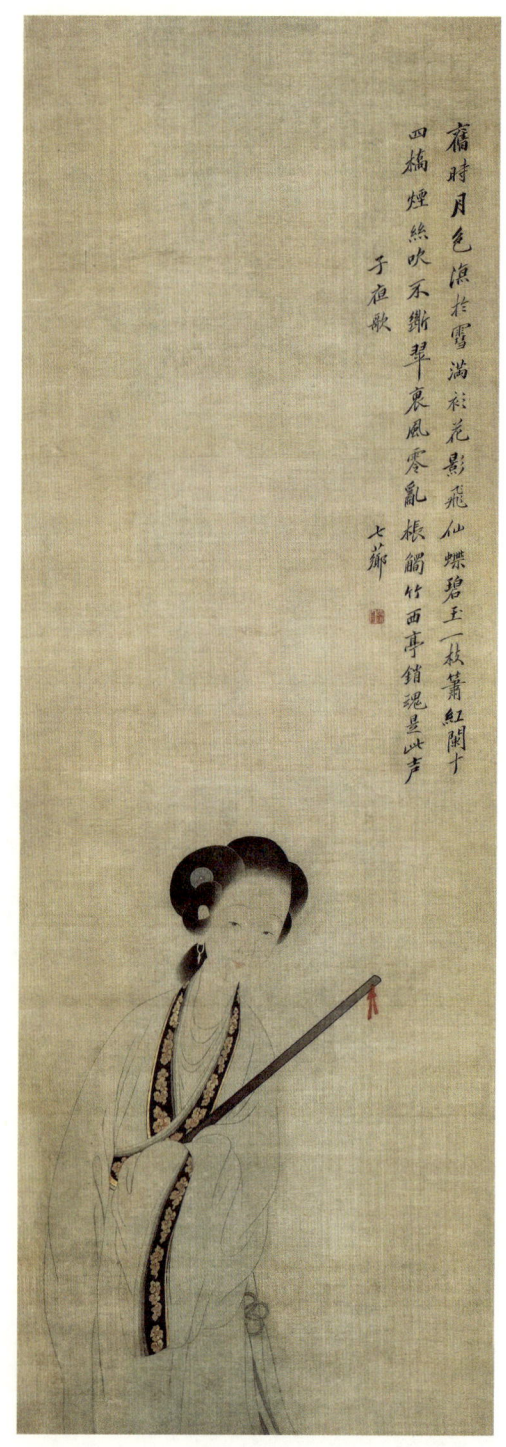

图一二　20世纪50年代吴元善先生捐赠清改琦《子夜歌图》

图一三 梁隽

图一四 1989年力群先生（左一）参观张培林山水画展

位古董商登门，试图以高价收购，都被钱先生予以拒绝，因为在先生的心中早已认定宝物要藏于国家。钱先生1985年回山西老家探亲，见到省馆藏画不够丰富，遂产生捐赠书画给家乡的想法。

这一想法得到山西省人大常委会副主任霍泛的大力支持，

图一五 钱自在

图一六　2020年山西博物院展出钱自在先生捐赠的《祇园大会图》

图一七　《祇园大会图》（局部）

在省文物局副局长张一，省博物馆名誉馆长梁隽、副馆长张献哲及胡振祺等先生的努力下，捐赠事宜得以完成。

1993年10月台湾收藏家赵正楷先生委托大陆亲属捐赠傅山草书《千字文》和楷书《阿难吟》两件作品，经吴连城、胡振祺等先生鉴定是傅山书法精品之作（图一八）。

图一八　1993年赵正楷先生的亲属向山西省博物馆捐献文物

图一九　1992年5月30日《山西日报》报道赵正楷先生捐赠文物义举

赵正楷（1902～1996），字法真，山西原平人，平生仰慕傅山人品学识，不惜重金收购傅山遗墨（图一九）。

20世纪90年代初，山西省博物馆接受当代著名画家阎丽川先生、书法家段云先生创作的书画作品各100幅入藏，拓宽了博物馆藏品的征集范围。苏高礼、赵梅生、忻东旺等著名画家作品的捐赠入藏，极大丰富了馆藏艺术品的种类。

2005年山西博物院正式对外开放，并得到社会各界的支持与信任。2015年山西盂县收藏家高飞先生捐赠瓷器、玉器、陶器等文物28件，其中瓷器23件，具有较高收藏价值，尤其是金代白釉印花道教人物花口盘，制作精良，模印道教人物图案，较为少见，是研究金代瓷器的重要标本。

美国华裔王纯杰伉俪于2016年、2018年把在美国拍卖会上购买的北魏石雕菩萨头像、北魏石雕天王头像捐赠给山西博物院（图二〇）。

王纯杰伉俪的捐献体现了海外游子对祖国历史文化的敬重，对祖国、对故乡的深深眷恋，深情守望。同时，也是晋博人

图二〇 2018年7月13日王纯杰伉俪捐赠仪式现场

积极探索，借助境外收藏家的力量，抢救流失海外文物精品的成功举措。

2017年4月16日在山西博物院隆重举行台湾中台禅寺捐赠唐代邓峪石塔塔身回归仪式（图二一）。

山西榆社邓峪石塔雕刻于唐开元八年，对研究唐代佛教艺术与雕刻艺术具有非常重要的价值。1996年和1998年，塔刹和塔身先后被盗，塔身辗转流入台湾中台禅寺。2016年年初，中

图二一 2017年4月16日台湾中台禅寺捐赠邓峪石塔塔身回归仪式现场

台禅寺开山方丈惟觉长老得悉石塔来自山西，表示愿意捐赠返还。经过细致认真地鉴定、磋商、接收等一系列工作，流失境外近二十年的石塔塔身终于重归故里。

无私地捐赠，永远地奉献。回顾山西博物院百年发展历程，社会捐献始终贯穿其中，捐赠者中有收藏家、书画家、社会名贤、海外侨胞，也有普通市民百姓及社会团体与企事业单位。虽然他们的身份、地位、经历不同，但都有着一样的家国情怀。捐赠者的仁心善举与他们留下的藏品一样，值得我们永远珍藏、敬仰。我们坚信，随着社会的进步，越来越多的藏家会将藏品捐赠给博物馆。让我们携手共同守护文化遗产，承担起传承历史、传承文明、传承优秀传统文化的重任。

讲述人介绍

曹玉琪

曹玉琪，研究馆员，山西省鉴定委员会委员。1987年吉林大学历史系历史专业毕业，一直致力于藏品管理与研究工作。负责《山西博物院藏品概览·书画精品卷》编写，编辑出版《博物馆藏品管理纲要》，发表学术研究论文多篇。

追忆父亲捐赠文物的故事

钱悦珍　钱　平

历史如烟，岁月似歌。

当很多人面对精美的文物会惊喜、陶醉，甚至两眼放光的时候，却有这样一群人，他们愿将个人珍藏捐赠国家，与公众共享。人性之善恰若涓涓细流，汇入浩瀚历史长河，成就了三晋之美。

捐赠文物，是博物馆藏品的重要来源。徜徉于博物馆星空下，璀璨的不只是灿烂的悠久岁月，还有捐赠者耀眼的人格魅力。那些闪光的名字，值得我们永远铭记。

星程斗转，时光飞逝，一晃父亲离去已二十载有余了。我也将迈进古稀之年，为了让后人知道祖辈的教诲——滴水之恩涌泉相报，我想把那些渐行渐远有些已模糊的往事捡拾起，让后人们也做有爱的人（图一）。

父亲从未讲过他的童年，也没提过我的爷爷，在一次不经意的聊天中听四叔说我爷爷是赶车帮人拉货维持生活。在父亲10岁左右，爷爷去世，家里生活很艰难，他是长子，为了帮助家里，14岁就跟着他七叔（我的七爷爷）到北京学徒，现在的说法是北漂一族，父亲感谢他七叔，是七叔让他改变了生活轨迹，他把七叔当生父一样奉养，念念不忘七叔对他的恩情。大姑曾说父亲儿时不大跟同龄孩子玩耍，总愿意跟在老年长者后边听他们谈古论今，这可能和他后来的爱好有关吧。他文化程度并不高，只有高小文化，但他好学能吃苦喜欢书画，在学徒期间，他把别人用来打牌的时间用在了拜师学画上了，他曾拜

图一　钱悦珍女士为《约读》栏目撰文的手稿

徐石雪、溥雪斋二位为师学习国画。"文革"前曾在北京琉璃厂文博斋鉴定字画。他的收藏是由学画开始的，为了模仿古人的画，他把积蓄大部分用在了买画稿上，无心插柳促成了他的收藏之路。他节衣缩食，烟酒棋牌全不沾，除买画、看画、画画，就是喜爱京剧和家乡的晋剧，高兴之余还会合着留声机的唱段，哼唱几句略带山西味的京剧，遇到晋剧到京巡演，他会慷慨解囊请邻居好友去看戏（图二）。

我家从新中国成立前到现在一直住的是一座清朝遗老留下来的四合院（现已成大杂院），已有七十多个春秋了。那时的邻里关系都像一家人一样大家互帮互让，我家的自建房就像院中大家的周转房一样，邻居家老乡谁家儿女结婚无房，父亲会毫不犹豫叫在我家安顿，谁家老家来人探亲都是住在我家的小屋。我有印象就有五六家，大家不分彼此其乐融融。

图二　钱自在先生

北屋的住房还兼父亲的书房和画室，一进外屋首先看到的是靠墙一溜一米多的大木箱，里面是父亲的收藏和书画，冬天还有两株大木桶栽种的一人多高的夹竹桃在这里过冬。里屋的硬木条案上摆着一座英式铜座钟和一台老式留声机，还有一排书籍杂志。墙壁上挂满了古画、字轴。一个黑粗布信袋里常插着父亲与好友之间的往来信件。

中央那张核桃木大圆桌上常放着父亲墨迹未干的习作，父亲一生作画不多但不乏得意之作，他擅画花卉兰竹。国家文物鉴定委员会副主任史树青先生赞誉父亲画的竹子"由元入手，宗法文同，得其神韵，人誉为文湖州竹派有传人"。父亲的画作中有书画名家启功、董寿平、张伯驹、郝景晏、郭传璋、刘博琴、王一新、张宝良、徐邦达、史树青、郝小石、柯文辉等的题跋（图三、图四）。

父亲爱惜人才，常说千里马常有、伯乐不可多得。父亲是

图三　钱自在先生在"三友"书画展前拍照留念　　图四　"三友"书画联展纪念影集

故宫和中国历史博物馆的常客，在那里有许多老友，也结识了不少年轻的新朋，王连起就是在故宫听他义务讲解相识的。王连起原是铁路工人，非常喜欢书法，米体字写得很好，父亲觉得他是个人才就把他推荐给徐邦达，经过一番考查，他很快就成了徐先生的助手。父亲在回京后总说：要知恩报恩，不能忘记帮过自己的人，也要尽自己的力量去帮别人。邻居王同书在父亲最落魄的时候，有一次在东单公园门口遇到他，他劝父亲把眼光放远，咬牙挺过，并把自己口袋里仅有的几块钱连同钢镚都掏给了父亲，那年月谁家也不富余，他家老老小小也七八口人呢，能这样尽力帮助，这份情怎能忘怀？父亲境况稍好后，对此念念不忘，每遇机会总要给王叔买点烟酒叫到家里聊一聊坐一坐，没有感恩的话语，一切都在行动中了。父亲境况稍好后，有一次偶在街头遇到一位三十年前的熟人，此人姓邓，年近八十，生活境况很不好，靠卖字卖小物品为生，与女儿关系紧张，生活没有保障。父亲答应他尽力帮他，有一段时间我们还没起床，邓老先生就会蹲在门外等候，父亲每次总是不让他空手而归。这样的情景大概有一年左右。邓老爷子不来了，他去世了，父亲还难过了很长时间。我的发小好友杨军曾跟我说了一件让人震惊的事，杨军父亲杨大爷和我父亲也是好朋友，杨大爷在院里是出了名的老实胆小的人，在那特殊的岁月，他不怕牵连，居然帮助父亲藏起了画卷，而且事后不曾向任何人说，不是他女儿亲眼所见，谁也不相信他如此仗义勇敢。每每想起，总是让人肃然起敬。父亲为了收藏吃过很多苦，为了找回自己的宝贝更是历尽艰辛，尝遍了冷暖辛酸。当时家里生活非常困难，母亲一人每月28元供养两个孩子，钱悦珍在北大荒，父亲是被遣返回老家的，他每次回京吃饭都成问题，那会儿是供给制，每人每月定量供应，就是有钱也买不到粮食。那时光，全靠好心的朋友们约定好，每月几号固定的日子，好友们把自家节省出的几斤粮票送给他，有了这些好友无私的帮助和支持，父亲才能渡过难关，才能在找回文物的路上坚定不移地走下去（图五）。

图五　钱自在先生家庭合照

　　落实政策时，他坚决地退回了折合给的700元钱，开始了长达数年的寻找书画之路。在他不懈地努力下，终于收回了自己珍爱一生的大部分书画藏品。藏品失而复得的高兴心情难于言表，对来之不易的宝贝他更是珍爱有加，这些书画被他视为生命，更是寸步不离。他的收藏在圈内是出了名的，他的字画一直都有人惦记，据他的好友讲：新中国成立前有一个法国博士要以五条黄金换取《夏山风雨图》，父亲不为所动坚定地说："这是我们的国宝，你就是五十条金子我也不能卖你！"

　　"文革"后百业待兴，文物收藏升温，在贩卖走私文物的风潮中，有人悄悄找到父亲，要买那幅《祇园大会图》，开口就出三十万。父亲一口回绝，但令人想不到的是，1986年他没和任何人商量就做出了一个惊人的决定：要将这些他为之付出艰辛、付出快乐、付出血泪、付出痛苦而陪伴自己大半生的宝贝捐献给国家。

　　很多人不理解他图什么？他说他也痛苦，但是为了他爱、爱他的宝贝，他希望自己的宝贝能得到永久的妥善保管和保护，希望它们能得到真懂真爱，他自己觉得自己年事已高对后人保存文物不放心，怕万一有个损毁，那将是无法弥补的憾事，也是对人类文化的犯罪。

他是山西人，对故乡有着深厚的感情。父亲被遣返回老家的十几年，让他看到了家乡很多地方贫穷落后，看到了山西省博物馆馆藏不很充实，他决定把自己收藏的110件珍贵文物捐献给山西省博物馆，这样既丰富了馆藏，也报答了故乡的养育之恩，在有生之年对家乡的文化事业也尽了自己绵薄之力。对文物的未来放心了，他感到自己的生命也得到了延续（图六～图八）。

他也向文水县博物馆、蒲松龄纪念馆、北京红螺寺等地捐赠书画，还为汾酒厂酒史馆的筹备鉴定了不少文物，贡献了他的一份力量！父亲于1998年放心安详地走了。他虽然没给我们子女留下什么物质财富，但他留给了我们爱国、爱家、爱人民的精神财富是我们永远享受不尽的。父亲的这种品质魅力在当下风气浮躁、物欲横流、逐名逐利的环境下更显得难能可贵，我们为父亲的大爱而骄傲，愿这种精神永存！

图六　山西省文化厅关于钱自在先生捐赠文物的文件

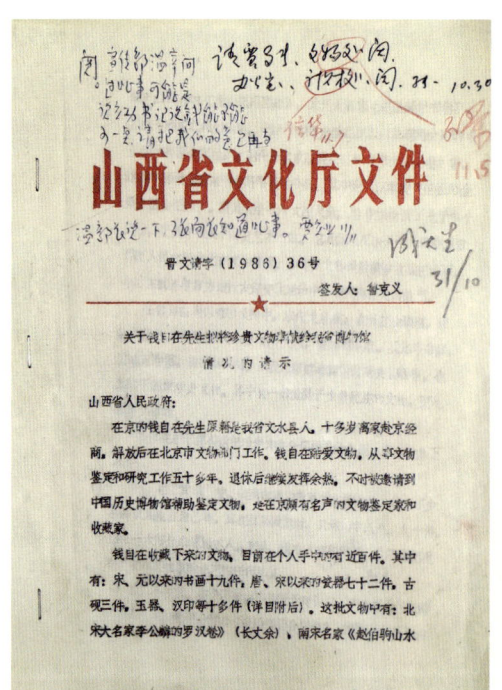

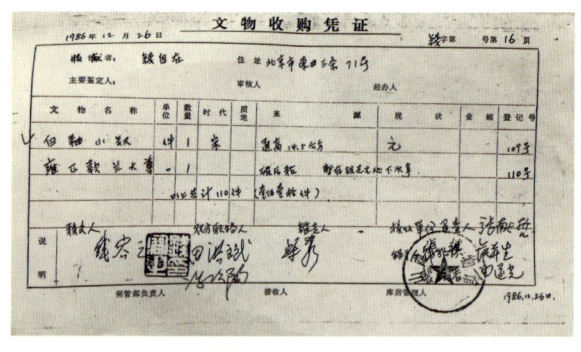

图七　钱自在先生捐赠瓷器文物的凭证

图八　山西省博物馆颁发给钱自在先生的匾额

捐赠文物赏析

《祇园大会图》卷（局部） 元 髡僧

瓷青纸，描金，纵37.2厘米，横1889厘米
1986年钱自在先生捐献

髡僧，生卒年不详，日本僧人，元末明初寄寓江浙，善画佛像，为一时士大夫所重。祇园，全称"祇树给孤独园"或"祇园精舍"，是印度佛教圣地之一。画家以精湛的艺术手法再现了佛门祇园大会的盛况，人物众多，线条劲健流畅，极具功力。款"至正丙午岁佛生日，髡僧沐手敬写"。此卷绘于元至正丙午年（1366），时髡僧应寓居江浙一带。卷尾有明隆庆二年（1568）觉真上人的题跋。《祇园大会图》卷不仅是珍贵的艺术品和研究日本绘画的重要资料，同时也是研究佛门盛会的资料。

《风竹图》轴　元 顾安

纸本，墨笔，纵106厘米，横33.5厘米
1986年钱自在先生捐赠

顾安（1289~约1365），字定之，号迂讷居士，江苏苏州人。工写行草，擅画墨竹，尤喜画风竹新篁。

以书法用笔绘风竹，墨色浓淡虚实互衬，既写出竹叶在风中飘飞，亦增强了画面层次感。款"迂讷老人顾定之为止善写于绿波轩"，钤"顾定之印"、"迂讷老人"两方印。画上有张绅、俞贞木、周博等九人题诗。

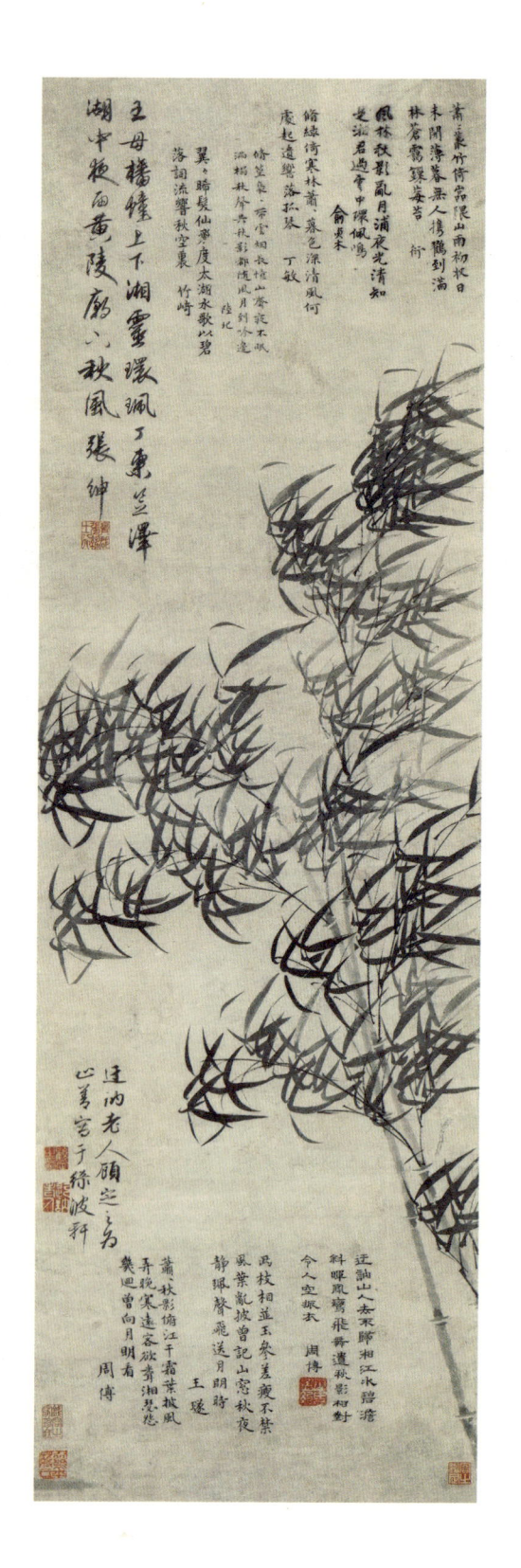

捐赠往事

1986年，钱自在先生在北京市南池子瓷器库北巷捐赠给山西省博物馆书画、瓷器、印章等各类文物110余件，其中书画22件、瓷器69件。以三幅元代孤本佳作最为珍贵，分别是日本僧人髪僧元至正丙午年间所绘《祇园大会图》卷、顾安《风竹图》轴和无款《起蛟图》轴。此外，明佚名白描《罗汉渡海图》卷、清伊秉绶《墨梅图》轴、于成龙行书诗轴等，都是山西博

钱自在先生捐赠的部分瓷器

物院的重要书画藏品。钱先生捐赠的瓷器烧造年代从唐至清末,有唐代白釉碗、明万历青花人物盘、明嘉靖青花折枝花卉纹碗、清宣统黄釉盘等。

钱自在先生生前曾讲述,这批文物在捐给山西省博物馆之前,曾有多位古董商登门,试图以高价收购,都被他予以拒绝,因为在先生的心中早已认定宝物要藏于国家。钱自在先生1985年回山西老家探亲,见到山西省博物馆藏画不够丰富,遂产生捐赠书画给家乡的想法。

钱自在先生捐赠文物现场(后排右三、右二是钱自在和其夫人)

钱自在先生捐赠文物现场

钱自在先生捐赠文物现场

　　这一想法得到时任山西省人大常委会副主任霍泛的大力支持，在山西省文物局副局长张一、山西省博物馆名誉馆长梁隽、副馆长张献哲及胡振祺等先生的努力下，捐赠事宜得以完成。

讲述人介绍

钱悦珍

钱悦珍,钱自在之女,本文撰稿人。1952年12月生于北京,1969年8月至1975年11月在黑龙江生产建设兵团二师十一团六连,1975年12月至1997年11月在北京七一八厂十车间工作,1997年12月因父亲生病需要照顾提前退休。

钱 平

钱平,钱自在之子,本文讲述人。1962年2月生于北京,1979年5月参加工作,就职于北京市东四服装厂,2016年在搜秀商业有限公司工作至今。

捐赠人介绍

钱自在

钱自在（1917～1998），字容之，山西文水人。著名书画鉴定家、收藏家、鉴赏家、画家。14岁即赴北京谋生，学艺于文博斋。向国画大师徐宗浩学习画艺，造诣颇深，又兼喜爱文物，精于鉴赏，与张伯驹等大师均有交往。钱自在先生所捐文物数量大、质量高，极大地提高了山西博物院馆藏文物的质量。

常家庄园走出的国学大师
——常赞春

常孝东

他出生在晋商世家，聪慧好学，成长之路光彩夺目。

他有志于教育事业，桃李满门，本性仁善心怀天下。

他学识渊博通古今，书画皆精，各种书体均有涉猎。

他为山西博物馆事业的开创积极奔走，又将私人所藏书画精品捐赠新生的博物馆，劳苦而功高。

今天，让我们一起走近享誉三晋的教育家、国学家、文学家、书法家常赞春的故事。

出身名门，少而好学

1872年，常赞春生于山西榆次车辋村，是车辋常氏第十四世（图一）。常氏家族系晋商巨擘，是"万里茶路"开拓者之一，纵横欧亚两万里，驰骋商海二百年，是清代著名的"外贸世家"。常氏家族信奉"积财不若教子"，世代重视教育，重金聘请名师自办学校，教子课读，由"鞾华诗社"到"笃初学堂"、"知耻女校"，族中子弟多学有所成。从清末至今，常氏专家学者层出不穷，许多人在我国近现代史中享有盛名，儒商世家风采依然。

在这样的家族文化氛围下成长的常赞春，自幼就极其聪慧，有着非凡的理解力和记忆力，而且勤奋好学。在长辈们的言传身教下，他三岁开蒙，九岁入家塾，由塾师王绍曾为他单独开讲《论语》，后读四书五经。十五岁受业于太原廪生王汝桢，读时文、试帖并开始习

图一 常赞春儿时在自家院内读书

作应试诗文（图二～图三）。儒家思想从小便在他的骨血中深深植根。

图二　常赞春与温砚梅结婚照

图三　常赞春一家

青年求学，学有所成

1887年，常家子弟组成鞞华诗社，常赞春是最先参加的四人之一，也是年龄最小的一位，时年十五岁。第二年他就参与

图四　民国山西书法四大家之三位（左起常旭春、常赞春、赵铁山）

对诗社成员诗作的批阅，同时开始涉猎训诂学和目录学。

1891年，常赞春参加太原府试五场，总成绩第一。当年复试，常旭春第一，常第春第二，常赞春第三，省城学界遂有"常氏三春"之美誉（图四）。

1897年，常赞春院试、府试均取第一，选拔太原府学。

1900年春，常赞春在令德堂书院攻读经史、考据、辞章之学，每次考试均名列前茅。

1902年，受义和团运动影响，山陕并科乡试，常赞春与六七位常氏子弟同到西安赴考。常赞春与常旭春、常麟图同榜中举，一时传为佳话（图五）。同年，山西大学堂创办。常赞春

图五　同一时期的常氏文化精英

考入山西大学西斋,任甲班班长,并代理总班长。

1909年,常赞春考取拔贡,以第一名成绩保送京师大学堂文科经学班。从学于江瀚、林纾等经学大师。

热衷教育,桃李盈门

学成归来,常赞春积极投身教育事业。早在光绪年间,他即与同族兄弟合力创办常氏笃初学堂并担任教师,讲授文、经、史、地。学校前后办学共二十四年,共计培育出初中毕业生约四十余人,高小毕业生近一百人,连同初小毕业及肄业的学生,估计总数在三百名以上。

1905年,由常赞春与常家众子弟发起成立常氏女子知耻学堂,首开省内女子进入新式学堂读书之先河,影响所及,闻名省内,求学者络绎不绝。

1906年,榆次县设立劝学所,常赞春为首任所长,劝导地方人士兴办学堂,推行新式教育,业绩显著。

常赞春曾受聘兼任榆次县凤鸣学堂副堂长。1907年,他鉴于当时学堂设备简陋,存书甚少,便毅然将家藏《二十四史》、《十三经注疏》、《昭明文选》、《朱子全书》等书籍捐赠凤鸣学堂图书馆,赢得社会各界人士称颂,誉满三晋。之后常赞春又购置大量书册,分存于省图书馆及榆次县教育会等处,以供学者阅览。他寄赠省图书馆的《四部丛刊》及方志等巨著有二万余册。临终前特嘱咐次子凤铭将藏书两千余套捐赠国家。

常赞春还与山西省博物馆的成立有着极深的渊源。清末民初的中国面临深重的民族危机,大批社会精英认识到救亡须开民智,图存须兴教育,由西方引入的博物馆,作为直接面对公众的教育机构,渐受推崇。在西风东渐和新思想传播中,山西因地理封闭,对民智的开启更加渴求,社会组织和贤达人士便屡屡呼吁在山西建博物馆。1915年9月,常赞春作为当时著名的学者和教育家,提出"请政府提倡孔庙庙旁附设教育仪器图书,以为社会教育之补助"的倡议。经过各界人士的不断呼吁,

1916年，山西宗圣会联合省教育会创设圣庙教育馆，首先在太原文庙试办，对民众免费开放，这就是三年后成立的山西教育图书博物馆的雏形。1919年10月9日，山西教育图书博物馆成立，也就是今天山西博物院的前身。这是山西的第一座博物馆，它与南通博物苑、北京国立历史博物馆等，共同开创了中国近代博物馆的先河（图六）。

当时，博物馆的藏品除了计划调拨、征集采购和考古发掘之外，另一个重要渠道就是接受社会捐赠。文物捐赠出现过三个繁荣阶段，第一阶段是开馆初期的20年里，捐赠活动一度踊跃。这一时期捐赠文物最多的是常赞春先生。其中明清书画是博物馆受赠最早的书画文物。这批书画以傅山、陈廷敬、孙嘉淦、祁寯藻、祁世长、徐继畬、杨笃、赵昌燮等山西名家作品为主，也有海内巨匠如钱慧安、周少白、冯志沂等人的作品，其中多有精品杰作（图七～图一〇）。几乎把有清一代山西书画名家网

图六　1919年常赞春先生曲阜祭孔

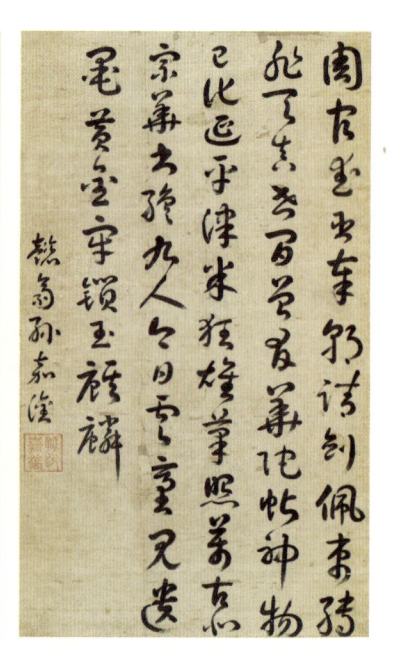

图七　清祁寯藻行书七言诗轴　　图八　清孙嘉淦行书轴

图九　清白恩佑山水轴　　　　　　　图一〇　清钱慧安贾景伯嗜学图轴

罗殆尽，将三晋书画艺术风格整体呈现。常赞春先生的捐赠贡献巨大，极大地丰富了馆藏书画的种类和数量，为探寻三晋书画艺术发展轨迹与起承流变提供了非常珍贵的实物资料。

常赞春终身从事教育及文化事业，相继在山西大学、山西省立教育学院、法政专门学校，及其他各大专院校、中学，教课授徒，历时20余载，是享誉三晋的著名教育家、国学家、文学家、书法家。成绩卓著，桃李盈门，成材者众，有杏坛之盛（图一一～图一五）。

图一一　光绪三十三年山西提督锡暇为表彰常赞春题匾

图一二　光绪三十三年山西巡抚恩寿为常赞春授匾

图一三　光绪三十三年榆次知县沈继炎为常赞春授匾

图一四　民国十年常赞春50寿辰时山西大学文科诸生集体赠匾为贺

图一五　1937年"九一八"事变后，常赞春于山西大学书写"国耻思振，物耻务兴"，以激励学子爱国，现由山西大学勒石于校园内

书画造诣，成就大家

常氏家族自十四世之后，擅长书法绘画者很多，常赞春是其中主要的一位。他的书画篆刻在三晋大地，很有名气。与常旭春、柯璜、赵铁山合称山西书法四大家。同时又是造诣颇深的篆刻家、指画家和金石家。

常赞春各种书体都有研究，他书学邓石如、杨秋湄、褚遂良、张石舟，隶书摹张迁碑、礼器碑等，篆书临石鼓文、峄山刻石等，在中年以后专攻篆隶，拟金文、汉篆、吴天玺诸碑之古意，加之邓石如之笔意精神，形成自己的风格，作品古色古香、苍劲高古（图一六）。

常赞春的绘画，属"指画"一派，因号"一指头禅"。他的指画堪称一代绝技，画风独到，名扬四海。以指着墨，手法明快简淡、浑然脱俗、独树一帜，勾勒人物、山水、鸟兽、花木，挥洒自如，尤传天趣；大若堂幅，小及扇面，时人视为珍宝（图一七）。

常赞春的篆刻，别饶古趣，被誉为"神品"。与太谷赵铁山互刻相赠，在二三分见方石印面翻写篆文，无论朱文白文，一

图一六　常赞春部分书法作品

图一七　常赞春指画作品

笔即成，观者惊为绝技。可惜身逢乱世，作品大多散失，今存者寥寥无几。时人谓："郭象升撰文，常赞春篆盖，赵铁山书丹"或"赞春之文，旭春书丹，铁山篆盖"，为近代三晋之最。

学问渊博，著作等身

常赞春一生学有所成，著述很多。据他的五子常凤铉先生所保存的《子襄先生遗著目录》记载，他的著述计有《尚书讲义》、《毛诗讲义》、《诗传集例》、《中国文学史》、《旧学史》、《经学谈》、《金石谈》、《虚字辑谈》等五十卷，以及大量的寿文、墓志、序跋、尺牍等（图一八、图一九）。

作为一名学富五车的学者，常赞春多年来一直投入极大的精

图一八　常赞春著《常子襄国学文编》　图一九　《常赞春先生国学文编评注》

力于山西地方文献的搜集与整理。对傅山先生为人为学之研究，贡献尤大。凡傅山先生之书画，"有见必跋，有碑必拓"。同时，下大力搜求傅山挚友祁县戴廷栻之《半可集》，合资付印。因此，使得明末清初一批爱国志士的宝贵诗文得以保存下来。

继常麟书之后，常赞春任《榆次县志》总纂，历经二十年，将《榆次县志》编修完毕，并成书刊印，成为民国以来全国编修方志中水平较高的一部，是一部很有价值的地方文献，获得山西省史志学界的一致好评（图二〇～图二二）。

图二〇 民国版《榆次县志》　　图二一 《榆次县志》内页

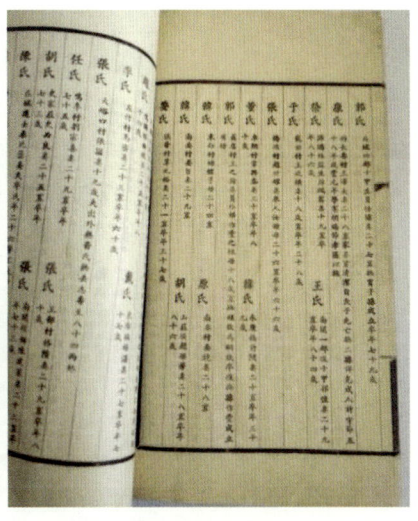

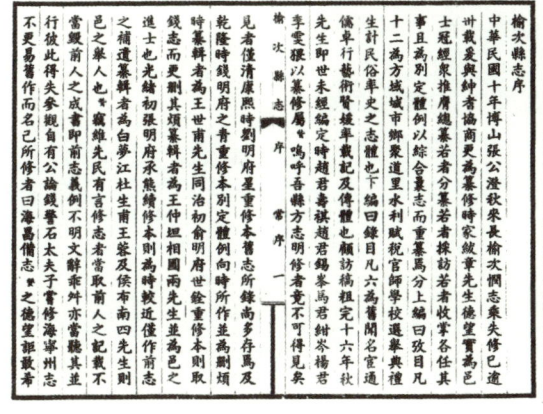

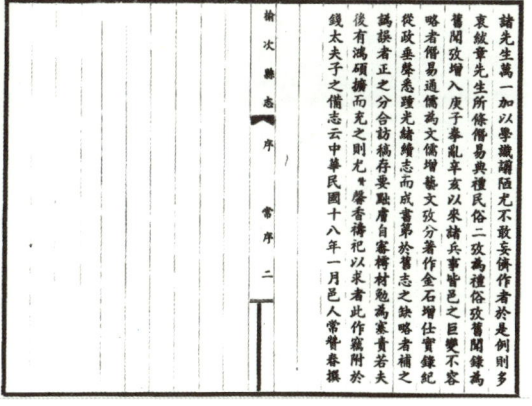

图二二 常赞春《榆次县志》序

1933年，受山西省政府委托，由常赞春等十几位山西学界名流参与发起，成立山西省文献委员会，专门负责整理出版山西的地方文献。常赞春以发起人被推举为委员会委员，负责主持《山西献征》的编著（图二三）。此书的稿件大都由他审定，体例编排主要出自其手。全书共八卷，撰写了清代近三百位著名人物的传记，保存了大量的珍贵资料，为山西的文化积累做出了重大贡献。

　　1941年，一代大师常赞春病逝于车辋故里。先生学贯中西，博古通今、桃李盈门、著作等身，为山西的文化教育做出了不可磨灭的贡献，在三晋大地享有崇高的声誉和威望（图二四）。先生的爱国情操、高风亮节，以及他的学术贡献、艺术成就，犹如泰山北斗，必将长存于世，给后人以借鉴、启示和激励！

图二三　《山西献征》2017年版

图二四　晚年常赞春

讲述人介绍

常孝东

常孝东，生于1969年，榆次常家庄园第十九世。榆次常氏儒商文化研究会秘书长。常家庄园家史顾问。

捐赠人介绍

常赞春

常赞春（1872～1941），生于山西榆次车辋村，字诒臣，后改子襄，号迂生、茘宧。1902年中举，1909年考入京师大学堂，师从林纾等经学大师，授文学士。1918年授国会众议院议员。1923年任榆次县教育会长。曾相继在山西大学、山西省立国民师范学校、山西省立教育学院、法政专门学校、进山中学等学校任教。终身从事教育及文化事业，谆谆善导，著作等身，桃李满三晋，是享誉三晋的著名教育家、国学家、文学家、书法家。

父亲捐赠文物的善举

吴晓梅

他出身于江苏的书香世家，却将一生奉献给山西的建设事业。命运的起伏波折中，他先后三次将家中的百余件收藏无偿捐赠给山西省博物馆（山西博物院前身），这份善念，令人感怀！

岁月荏苒，这些文物在博物馆里静静流淌着中华民族的文明基因，也承载了一段美好的捐赠故事，若有一天，从它们面前走过，让我们共同铭记这样一个名字——吴元善。

今天，就让我们跟着吴元善先生的女儿吴晓梅的追忆，走进那些尘封的往事……

2009年11月25日，这一天是我最难忘的一天。我的儿子曹湛从他的一位好朋友那里得到了一本非常精致的书：《涓细成流——山西博物院捐赠文物选》（山西博物院编）（图一）。他当作宝贝一样送到我的手里，非常激动地对我说："妈妈，你知道这本书里有谁吗？这里有我姥爷的事迹和生平啊！"我双手颤抖地打开了书卷，当看到概述中书画部分关于我父亲捐赠文物的描述时，眼睛顷刻湿润了，心情激动难以平静：我父亲自1988年离开我们已21个年头了，这21年来我们子女常常缅怀他追忆他。没有想到国家还没有忘记他，山西博物院没有忘记他。《涓细成流》记录了我父亲的生平以及捐赠文物的时间、数量以及名称。一页一页翻阅着，当看到标注为博物院特色收藏《子夜歌图》轴画（清·改琦）的画面和评价时，更

图一 《涓细成流——山西博物院捐赠文物选》

为之深深感动。感觉到父亲捐赠文物的分量和价值。

父亲在1954年和1956年捐赠这些文物时，我们子女尚年幼，并不知晓此事。随着年龄增长，后来才听老人们讲述父亲曾经给山西省博物馆捐献过文物。但究竟捐了些什么？具体什么时间？有多少？我们并不清楚。直到看到这本图书才有了比较详细的了解。

父亲于1954年、1956年和1976年分三次共捐赠珍藏的书画22件，其中傅山草书诗文册、傅山手批翻译集、曹秀先行书七言联、高凤翰的《云峰霖雨图》、顾见龙的《祝寿图》等均为精品，极其珍贵，价值自不待言。改琦的名作《子夜歌图》最为著名，是不可多得的上品。此画已由山西博物院复制成明信片和笔记本的封面，广为流传。

一

我父亲出生在江苏宜兴的一个书香门第。江苏宜兴是一个人杰地灵的文化圣地，许多知名院士和大学校长出自此地。吴姓家族在宜兴也是一个大家族，明清两代达到了辉煌的顶端，可称为世家（图二）。我的祖辈们属于哪个门脉呢，父亲没有给我们详细交代过，但是我的曾祖父吴西侨是清末民初的著名国画家，他的作品曾参加了1929年在上海举办的"民国第一届全国美展"，是入选参赛的画家之一。

父亲吴元善，字乃慈，江苏宜兴人。1937年毕业于北平大学工学院机械系（图三），毕业后一直从事机械制造专业的技术工作，历任太原矿山机器厂技术科科长、设计科科长、总工程师等职，是山西省首批晋升的高级工程师。主持试制的新产品分别获得1981年和1983年山西省科技成果一等奖、1982年国家金龙奖。曾担任山西省机械工程学会第三届常

图二　吴元善先生全家福

父亲捐赠文物的善举 | 43

图三 吴元善在北平大学与同学合影（后排正中位置）

务理事、第四届科技顾问。

　　父亲是从旧社会过来的高级知识分子，对旧社会的黑暗腐败有着痛彻心扉的感受，新中国成立前从未参加过任何党派。新中国成立后，在新政策下，他感受到共产党的伟大，看到解放了的人民奋发图强，中国大地发生了天翻地覆的变化。尤其是共产党的干部为人民服务，正派清廉，吃苦在前，享受在后，与工人同吃同劳动，平易近人，办事公正。新中国成立后，共产党信任他，重用他，发挥他的专业技术专长，给了他工作，并委以要职。他从中看到了希望，向党组织靠拢并提出了入党申请，于1952年12月光荣加入共产党。入党以后，他觉得自己获得了新生，严格按照党员的标准要求自己，把毕生精力、全部心血都投入到祖国的建设事业中。他参加和主持了许多矿山机械新产品的开发研制，在技术改造、技术进步、人才培养等方面做了大量的工作，受到中央、省、市各级领导的多次嘉奖和表彰。

　　那场浩劫到来后，我的父亲无可避免地被裹挟进去。直到父亲被平反，落实了政策，恢复工作、恢复党籍，这才捡回来自己的尊严。停发的工资也补发回来，4500元，他拿在手中，分成三份：1000元补缴党费，3000元给工会，用于职工互助组的救济使用，剩下的500元，给我的母亲和四个儿女一人100元。做得果断做得干净！我的父亲是有信仰有智慧的知识分子，彻底平反恢复工作、恢复职务后，甚至在退居二线的情况下，他仍然一如既往，不顾七十岁高龄，亲临大同煤矿深入到井下进行新产品试机。在1985年7月1日，他还填了一首《满庭芳》，词中道出了他为四化伟业"还自励，虫吐余丝"的壮志雄心。

我父亲去世以后，得到了"优秀共产党员"的荣誉称号，这是党组织给他的，他当之无愧！

1953年，山西省文物部门为了不断壮大博物馆的藏品，向全社会发出了征集文物藏品的倡议和号召。父亲作为共产党员，积极响应，把家中祖辈收藏流传下来的珍贵文物，于1954年、1956年两次捐赠给山西省博物馆（图四、图五）。

浩劫期间，父亲遭受了很大的磨难，抄家时家中的文物字画被抄掳一空。直至1976年"文革"结束，才返还了一部分。在这种情况下，父亲果断地将返还的文物全部捐出。这样就有了第三次的捐赠（图六、图七）。

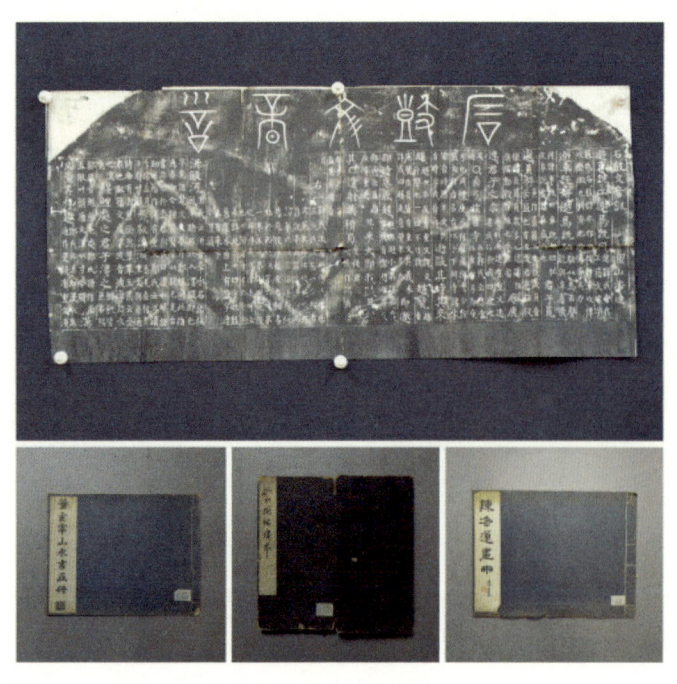

图四　1954年吴元善先生捐赠的部分文物

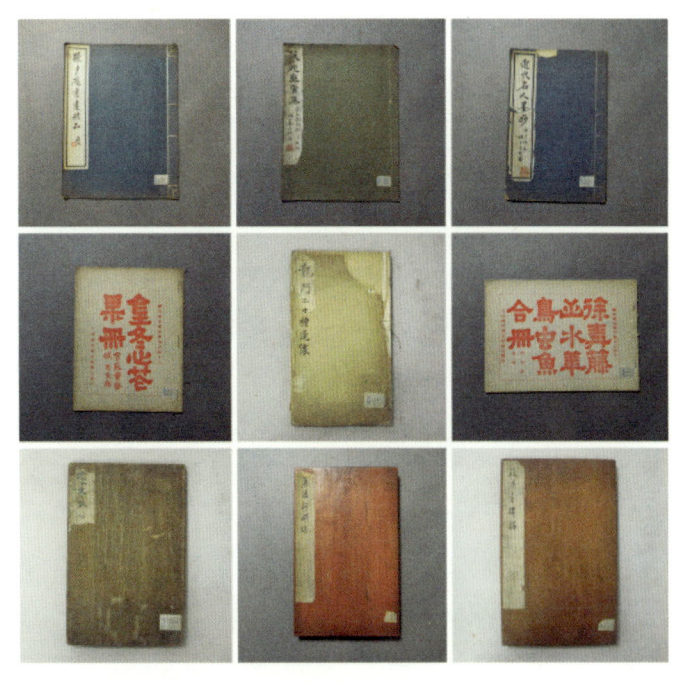

图五　1956年吴元善先生捐赠的部分文物

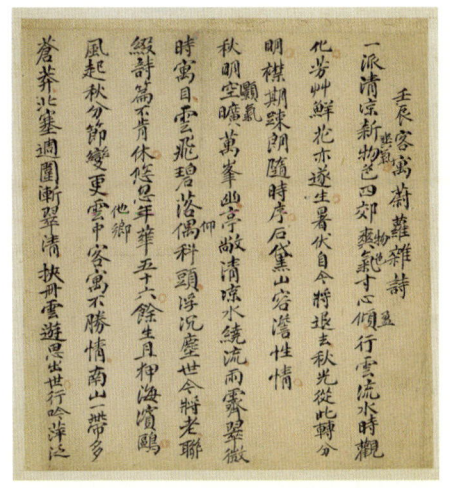

图六　吴元善先生捐赠傅山草书册

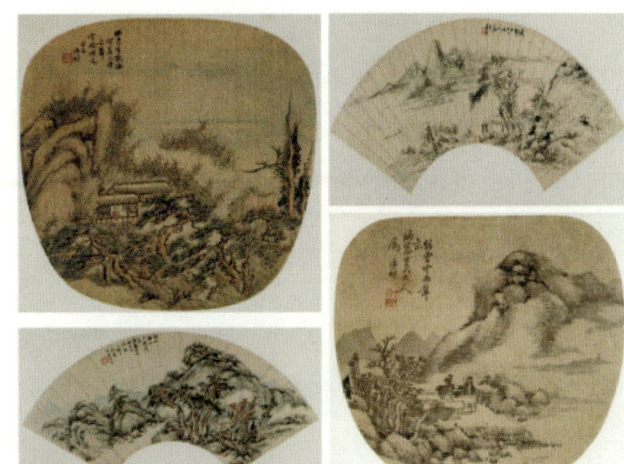

图七　吴元善先生捐赠的文物扇面

二

每当我们子女和亲友前往山西博物院参观，看到陈列馆展出父亲所捐赠的字画文物时，感慨万分！我们深深感到，这些文物在博物院保存和展示，是最安全、最保险、最稳妥的。一方面博物院雄厚的科技实力和先进设施可对其进行最有效的保护，使之得以更长久地流传下去；另一方面博物院受众广大，能够让更多的人欣赏到这些宝贵的文化遗产，使其发挥最大的社会价值。

每当看到工作人员在规定的温度、湿度下戴着白手套小心翼翼打开这些画卷时，那种神圣感油然而生。

当我们在这些珍贵的文物前拍照留影时，从心里将自己与父亲的影子重叠在了一起（图八）！

父亲当年的捐赠是无私的，高尚的，更是最明智的善举！

我们为父亲感到骄傲！

父亲为山西的煤炭矿山机械工业奉献了一生，他也用自己的品质培养教育了我们儿女，他曾手书诸葛武侯句"非淡泊无以明志，非宁静无以致远"赠给我的兄长们；手书古人的名句"志当存高远"、"岁寒显松柏"引领我前行。

父亲的言传身教是我们受用一生的最大财富，我们作为他的子女为此感到骄傲和自豪！

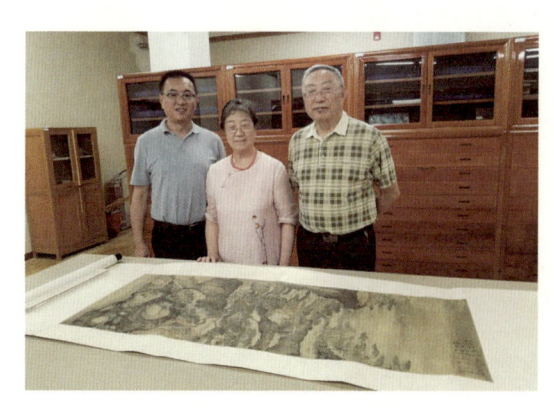

图八　吴元善先生子女参观捐赠文物

捐赠文物赏析

《子夜歌图》轴 绢本　清 改琦

纵118厘米，横39.5厘米，1954年由吴元善先生捐赠。

改琦（1773～1828），字伯韫，号香白、七芗，别号玉壶山人等，上海松江人。工诗词，以擅画人物、肖像、佛像闻名，亦工山水、花卉。写仕女则称妙一时，形象纤细俊秀，用笔轻柔流畅，创造了仕女画的新风貌。著有《玉壶山房词选》。

此图落墨洁净，敷色清雅，仕女娟秀清癯，怀抱长箫，用笔精细，刻画传神，是改琦人物画精品之一。题《子夜歌》："旧时月色凉于雪，满衫花影飞仙蝶。碧玉一枝箫，红阑十四桥。烟丝吹不断，翠里风凌乱。怅触竹西亭，销魂是此声。"款"七芗"，钤"改琦之印"。

《云峰霖雨图》 清 高凤翰

高凤翰（1683~1749），主攻花卉山水，宋人雄浑之神和元人静逸之气在其作品中同时流露，艺术造诣十分精湛。由于其画不拘成法，因而被称为"扬州八怪"之一，也被列为"画中十哲"。

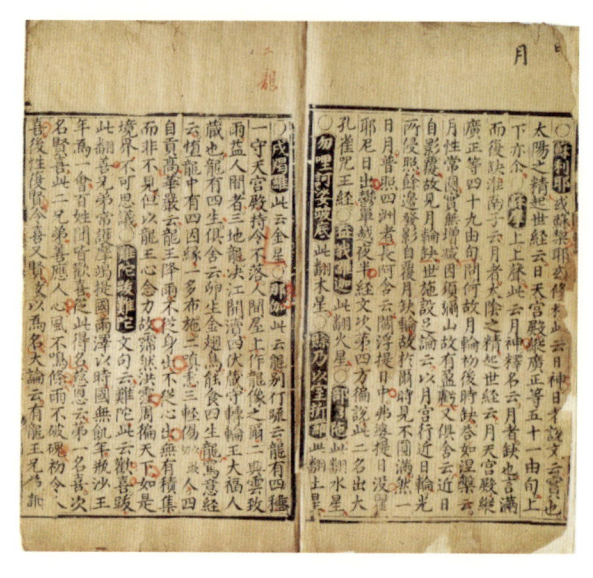

傅山手批翻译集

傅山（1607~1684），明清时期道家思想家、书法家、医学家。傅山字青竹，后改青主，朱衣道人。山西太原人，一生多才多艺，注重气节。声誉和影响相当之大，相当之深，在太原乃至三晋地区几乎家喻户晓，妇孺皆知，颇受人民群众爱戴。

曹秀先行书七言联

曹秀先（1708~1784），清文学家、书法家、政治家，为《四库全书》馆总裁，其书法集合钟繇、王羲之等笔法，最终自成一家。作品浑然天成，为书法界瑰宝。

讲述人介绍

吴晓梅

吴晓梅，女，共产党员，高级经济师，山西省交通运输厅退休干部。

捐赠人介绍

吴元善

吴元善（1916~1988），字乃慈，号梦香。江苏宜兴人。1937年毕业于北平大学工学院机械系，1952年加入中国共产党，历任太原矿山机器厂技术科科长、设计科科长、总工程师。

永不消逝的思念
——追忆书画大师董寿平先生

赵宝琴

董寿平，晋南大地的书香世家孕育出的一代艺术大师。

自幼家学渊源、学养深厚；中年随祖国命运颠沛流离。

经人生风雨而傲立不屈，始终沉醉于传统绘画创作，在命运的反复锤炼中，锻造出大气磅礴的艺术风韵。

誉满海内而低调谦和，名扬天下而心系故土。斯人已长别，唯有笔墨仍芬芳。

以此，寄托我们崇高的敬意和难忘的思念……

董寿平先生是在国内外现代艺坛中，备受瞩目和影响深远的一位艺术大师，是以书法入画，成就文人画写意精神的代表人物之一。在三晋书法史上，他是继傅山之后，又一位书法大家。

董寿平先生作为与世纪相伴的艺术大师，他驰骋中国画坛70余载，一路走来，经历了许多坎坷，极为艰辛，却始终笔墨不辍，他一生以画黄山、松、竹、梅、兰等和书法著称于世。在海外被誉为"继承传统，走出传统书画大师"和"人间国宝"、"书画巨匠"。著名书法家赵朴初先生赞美董寿平先生的书画艺术曾作诗："……平原书法东坡画，龙马精神海鹤姿。"可见董寿平先生的书画艺术已达到了中国历代画家所共同追求的新的艺术境界。他的画将中国文人画推向了一个新的发展阶段，被国内外学者、专家、书画艺术家评价为"继齐白石、张大千之后中国画坛又一座高峰"。

董寿平先生1904年2月17日出生于山西省洪洞县杜戍村的一个诗书世家。自幼受家庭熏陶，酷爱书画，七岁时上私塾，

图一 青年时代的董寿平先生（1926年）

读朱子小学、三字经；九岁时读《论语》、《孟子》等，并临习唐楷碑帖，之后在家常观摩外祖父陈履亨的书画与舅父陈凤标画的花卉与书法作品，以及父亲董维藩画的写意梅花及兰草，并经常翻阅家藏《芥子园画谱》及碑帖字画。董寿平自幼便聆听长辈们在一起对家里收藏的字画和碑帖进行研究与鉴赏，他耳濡目染，逐步增长了学习书法、绘画和鉴定古今书画的兴趣。1921年，董寿平由山西省立第一中学转入北京世界语专门学校读书，后考入天津南开大学经济系。1926年毕业于北京东方大学经济系。是年，父亲去世后，立志开始学习研究绘画，因慕清初画家恽寿平之品德与画技，遂将"揆"改名为"寿平"（图一）。

1927年，董寿平在北京正式定居。每周定期去故宫博物院观摩陈列的五代、宋、元、明等历代名画和书法，并临摹古人画法，学习研究各家各派的艺术风格，逐步形成自己的画风。董先生书法，深得"二王"之妙谛，并学米芾、王铎、傅山法书中精粹，具有自我俊逸而凝重的风貌。1931年，在北京第一次举办个人画展获得成功，并得到在京画界人士赞誉。是年秋，董先生返回故乡洪洞杜戍。之后，在洪洞杜戍娶妻生子（图二）。

1937年，抗日战争爆发，董先生携家眷辗转运城、西安及四川各地，途中遗散部分家藏名贵字画，在四川成都结识了文豪林山腴、马一浮及蓉城社会贤达，他们对董先生的学识、书画大为赞赏。1938年，董寿平在成都举办入川后第一次画展。1939年，迁居四川灌县都江堰西街玉垒关上，隔江为青城山（图三）。在此作画12年，创作达数千幅，并在四川各地举办个人画展。在蜀期间与张大千、谢无量、沈尹默、徐悲鸿、赵少昂、赵望云等交往甚密。1940年，在四川南虹艺专担任美术教

图二 董寿平先生与夫人刘延年、子董绍曾合影（1936年）

图三 董寿平在四川灌县北街的寓所（1946年）

员。1941年，在重庆举办个人画展，以卖画为生，将卖画所得500银圆捐赠前线抗战将士、赈济河南灾民。

1951年，董寿平移居北京，参加北京书画界为抗美援朝义卖书画活动。1953年，负责北京荣宝斋的编辑设计，为恢复我国传统木版水印画的印刷技术,为培养临摹复制古画的技术人员做出了积极的贡献。是年,加入中国美术家协会会员。1954年,赴黄山等地写生,此后,董先生多画黄山的奇峰松云之变幻,具有独特的风格,被誉为"画黄山的巨擘"。1960年,在北京艺术学院美术系中国画山水科授课,撰著《画史概述》。1965年,他从荣宝斋退休,仍坚持中国画的研究和创作(图四)。

1977年,文化部成立国画创作组,董寿平先生与蒋兆和、李苦禅、李可染、吴作人、黄永玉被邀请为国画创作组成员,创作了许多高水准的国画。1978年,董先生创作大尺幅《苍松图》作品,时任全国政协主席邓颖超访问朝鲜时,以国礼赠送朝鲜政府。1979年,为人民大会堂作巨幅《翠竹图》、《苍松图》。1981年,董寿平当选为中国书法家协会理事,担任全国政协书画室副主任(图五)。

董寿平先生的一生,是热爱祖国、热爱人民、热爱艺术,更热爱生育养育他的黄土家乡的一生。董先生宽厚谦和,治学严谨,不仅在书画、国学上造诣深厚,而且淡泊名利、助人为乐,曾于1952年,将家藏明清两代珍贵字画数十余件,捐献给山西省文物管理委员会。1961年、1962年,董先生将家藏珍品古字画捐赠给山西省博物馆(山西博物院前身),其中有明末清

图四 董寿平先生与长征路线写生组画家们在泸定桥上留影(1956年)

初傅山《太原段帖》手稿册（图六）和草书诗文册，清代董霁堂孝行状册页，清祁之翼、秦炳文《抚膝肄书图》卷（图七），清董文涣《汉书下酒图》卷等。1983年，董先生将《苍松图》轴捐赠给山西省博物馆。董先生捐赠的家藏珍贵书画精品，皆有很高的艺术价值和历史价值。

1990年9月，在中国历史博物馆举办规模盛大的"书画巨匠董寿平、村上三岛书画展"开幕式（图八），这是中日友好两位大师罕见的联展。书画展后，董寿平先生将200幅书画精品捐赠给故乡山西，由当时晋祠博物馆馆长任志录与董寿平美术馆馆长赵宝琴等将首批作品运回太原晋祠，太原市晋祠博物馆董寿平美术馆永久保存与陈列展览。

1990年10月，由山西省委省政府与太原市委市政府新建的董寿平美术馆在全国重点风景名胜区晋祠内落成开馆（图九、

图五　董寿平先生在全国政协笔会上挥毫作画

图六　清 傅山《太原段帖》手稿（局部）（1962年捐赠）

永不消逝的思念——追忆书画大师董寿平先生 | 57

图七 董寿平在山西省博物馆观看高祖父董霁堂在《抚膝肄书图》卷中的跋文

图八 董寿平先生（中）与赵宝琴（右）应邀参加"书画巨匠董寿平、村上三岛书画展"开幕式（1990年）

图九 董寿平先生在"董寿平美术馆"开馆仪式上留影（1990年）

图一○）。董寿平先生在剪彩仪式上兴奋地讲道："我有机会回到山西，是落叶归根。我从事绘画艺术70余年，美术馆的建成实现了我多年的心愿，使我能亲手把我的作品奉献给家乡人民，这是我一生之快事。"

董寿平先生虽声名显赫，然待人却十分谦和，他为人豁达，

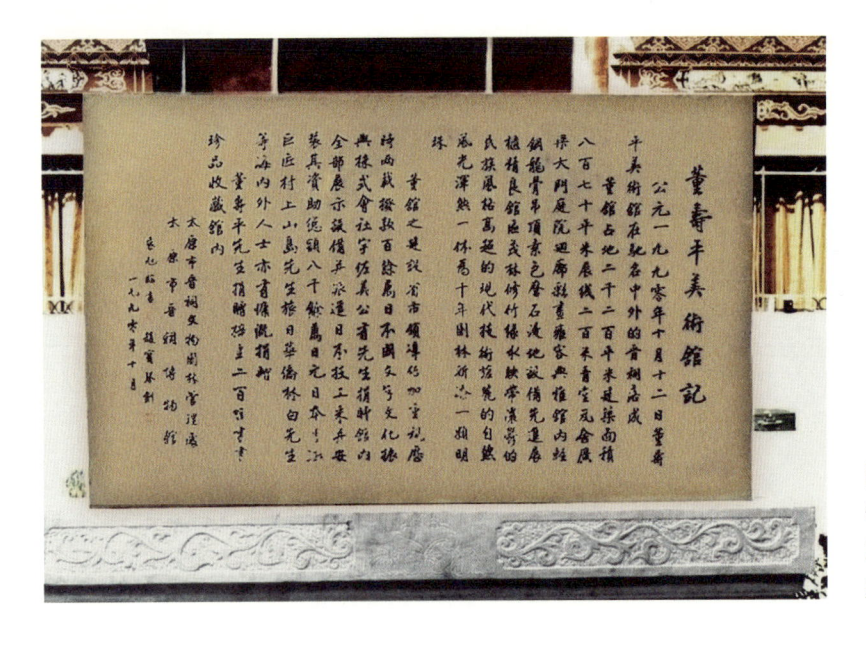

图一〇 《董寿平美术馆记》碑刻,由书法家袁旭临书、赵宝琴设计并摹勒刻石(1990年)

是一位受人尊敬的长者、智者,同时他也是我最为崇拜的尊师。每到北京,我都要到中日友好医院看望董老,见面时,他举止儒雅、彬彬有礼,与我促膝长谈,他曾语重心长地对我讲:"你有很好的书法、篆刻、刻字基本功,如能再学习画画,那就更好。"我听了很感动,能与董先生学习书画,是我一生莫大的荣幸(图一一)。

图一一 董寿平先生与赵宝琴在北京中日友好医院病房里整理资料

1991年，董寿平先生与吴昌硕、齐白石、傅抱石、潘天寿、黄宾虹、李可染、吴作人一起被文化部指定为"中国书画之国宝人物"。

1993年7月29日，在中国革命博物馆中央大厅隆重举办"董寿平九十岁书画展"开幕式，有关领导、艺术家、首都各界人士及国际文化友人一千余人出席画展（图一二）。当时的国务院副总理李岚清写信致贺，并参观画展。在北京钓鱼台国宾馆举行了"董寿平书画艺术学术研讨会"。

1994年6月，董先生与日本著名书法家、教育家原田观峰及代表团一行在钓鱼台国宾馆举行"中日书画家交流会"活动。此次我应邀参加活动与宴会。

1994年8月，我陪同好友到北京钓鱼台国宾馆敬请董先生题写一块匾额，董先生看到山西家乡客人，热情接待，当场挥毫为好友题写匾名（图一三），写好后，便让我来给盖章，而后又亲切地给我讲有关书画艺术知识与作书作画先做人的道理。董先生与我的谈话，我认真记录下来，并将先生的谆谆教诲牢记心中。1994年，安徽、广西水灾，董先生又将义卖书画所得40万元，捐赠给灾区人民。

董寿平先生的书画艺术在海外享有崇高的声誉，他为促进中

图一二 董寿平先生与赵宝琴在"董寿平九十岁书画展"开幕式留影（1993年）

图一三 董寿平先生在北京钓鱼台国宾馆由赵宝琴等陪同题写匾名（1994年）

外文化交流、弘扬中华优秀传统文化做出了巨大的贡献。日本创价学会名誉会长池田大作在1999年出版的《论世界领袖》著作中截有《中国的人间国宝董寿平大师》一文，评价董寿平先生说："大师在国际艺术界被称为'书画巨匠'。他无论在书法，还是在绘画方面，都自成流派，独树一帜，在国际上享有盛誉。"

董寿平先生1979年以来曾先后10余次应邀出访日本并举办书画展，被邀请在东京艺术大学讲学，作画示范（图一四）。其书画在日本久负盛名，并得到日本前首相海部俊树的大加赞赏。

图一四 董寿平先生在日本由池田大作授予"富士美术奖章"（1987年）

此外，董先生应邀赴新加坡、澳大利亚及中国香港和台湾地区举办书画展，在新加坡被誉为"继承传统、走出传统的中国当代书画大师"，同时在香港发表论文《中国水墨画及其意境》。

1997年1月，由董寿平、李豫主编的《清季洪洞董氏日记六种》精装6册出版（图一五），7月，董寿平著《董寿平谈艺录》出版（图一六）。

董寿平先生去世两周前，我又前往北京中日友好医院看望董老，先生身染重病，消瘦而虚弱，但他头脑清醒，思维敏捷，他和我进行了亲切的长谈，其中讲道："如董寿平美术馆二期工程扩建后，还要将多年保存的200多幅书画作品再捐赠给晋祠董寿平美术馆。"董先生对家乡的满腔热忱，又一次深深感动了我。但没想到，此次竟然是我与董先生的最后一次见面。

1997年6月21日晚，董寿平先生因病医治无效，不幸逝世，享年94岁，犹如一颗巨星悄然陨落。我国一代书画大师董寿平先生走了，但他毕生创造的卓越艺术成就将永远载入中国美术史册，他爱祖国、爱家乡、爱人民的高尚品德将永存人间。

先师董寿平先生仙逝已二十六载，思念之情千言万语难以言表，谨以此文表达对董寿平先生的缅怀。

图一五 《清季洪洞董氏日记六种》精装6册

图一六 《董寿平谈艺录》

董寿平先生捐赠文物书画部分作品欣赏

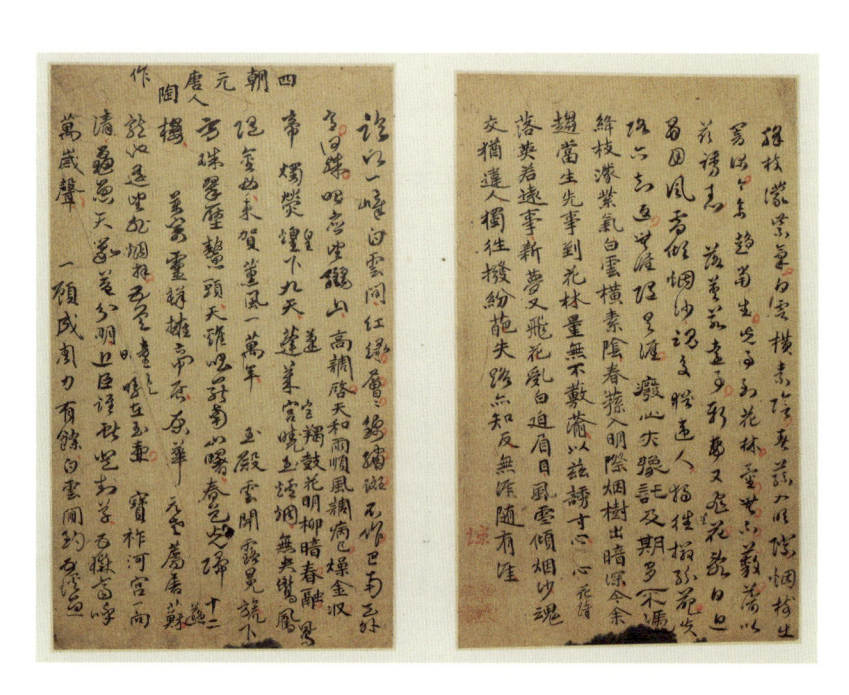

清傅山草书诗文册（局部）（1962年捐赠）

清李慈铭《老屋校书图》卷（局部）（1961年捐赠）

永不消逝的思念——追忆书画大师董寿平先生

清祁之戮、秦炳文《抚膝肆书图》卷（局部）（1961年捐赠）

清董文涣《汉书下酒图》卷（1961年捐赠）

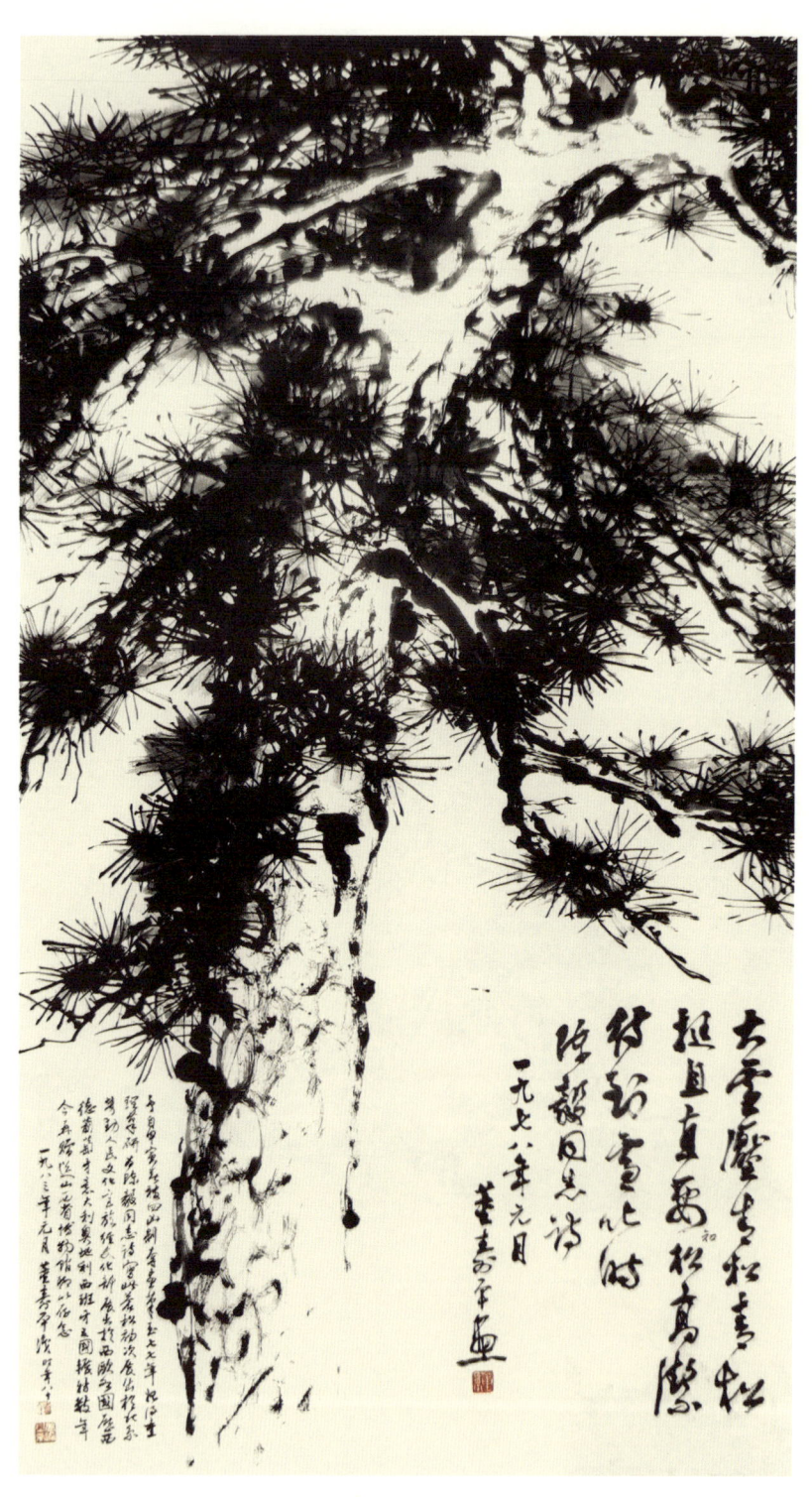

董寿平《苍松图》轴（1983年捐赠）

讲述人介绍

赵宝琴

赵宝琴，中国书法家协会会员，董寿平书画艺术研究会会长，太原傅山研究会执行名誉会长，西泠印社社友会会员，太原市晋祠博物馆原副馆长、副研究馆员，董寿平美术馆馆长，傅山纪念馆馆长，山西省书法家协会主席团委员、篆书委员会副主任，山西省美术家协会会员，山西省中国画学会常务理事等。师从董寿平、张颔先生（为入室弟子），编著出版《赵宝琴书画篆刻刻字作品集》，主编出版《中国书法传世极品大幅仿真系列·傅山书法》（5辑）、《翰香馆法书》（12卷）、《董寿平先生纪念文集》、《傅山纪念文集》、《董寿平书画集》等十余部书籍。获"中国文博专家"证书等荣誉。

捐赠人介绍

董寿平

董寿平（1904～1997），原名董揆，著名画家、书法家、美术理论家、鉴赏学家。曾任全国政协书画室副主任、全国政协委员、山西省政协常委、中国人民对外友好协会理事、中日友好协会理事、中国书法家协会理事、北京人民对外友好协会副会长、北京中国画研究会名誉会长、中国美术家协会会员、北京荣宝斋顾问、三晋文化研究会名誉会长等。出版著作《董寿平谈艺录》，撰述有《画史概述》、《书画语录》等，主编《清季洪洞董氏日记六种》（6册）、《董寿平书画集》等，曾获日本"富士美术奖章"等。

我的姥爷梁儁

<u>刘　超</u>

　　他一生醉心文博，敬业谦和，是令人敬仰的文博前辈。

　　他出身书香世家，长期致力于古代书画研究，造诣颇深。

　　他多次捐献个人收藏，心怀家国，他的故事至今仍被后辈传颂……

　　时光流淌，这些文物珍品，都承载着鲜为人知的历史过往，日日流淌，从未褪色。凝视那一刻，仿佛穿越了时空，惊艳了岁月。

　　今天，让我们跟着刘超先生的追忆，带着温度，驻足回望，走近那段尘封的往事，走近将毕生精力献给文物事业的梁儁先生。

　　我从小跟着姥爷长大，姥爷是最疼爱我的人，回忆起和姥爷在一起生活的二十多年时光，他老人家身上的人文气质，以及对子女、亲人、朋友们无私奉献的爱，无时无刻不在鼓舞着我、温暖着我。可是对于姥爷所从事的事业我却知之甚少，对于文物捐赠的事，也从未听姥爷说起过，直到姥爷去世，才在山西省博物馆撰写的生平中，看到如下的文字：

　　"梁儁同志在50年代就将自己多年来收藏的一批珍贵书画和瓷器捐献给我馆，表现了一个文物战士对文物事业的热爱和忠诚。"这让我对姥爷捐赠文物的往事开始有了一些了解。

　　1955年和1965年，姥爷先后捐献出自己珍藏的明清书画35件，如明倪元璐草书七言诗轴、清王岱《岁寒三友图》、明李文烛《黄白镜》册等均为极具价值的书画珍品（图一、图二）。

图一　明倪元璐草书谢翱《僧舍避暑分韵得入字》诗轴（1961年梁熺先生捐赠）

图二　清王岱墨笔《岁寒三友图》轴（1960年梁熺先生捐赠）

我的姥爷梁儁

每当我看到这些关于姥爷捐赠文物的记录，我的内心都会不由得为之震撼，我为姥爷当年无私的捐赠感到骄傲和自豪！

姥爷生于1914年，自幼勤奋好学，早年毕业于山西农专，平生两大专长——文物鉴定和中医，都是凭着兴趣自学成才。据老辈人讲，新中国成立初期，姥爷曾想过要筹办中医馆救死扶伤，后来因为结识了正在筹建太原文物馆的高寿田先生，由此走上了文博之路。

姥爷是在1980年被任命为山西省博物馆副馆长的，当时他已是66岁高龄！姥爷以巨大的热情投入到工作中，完全忘记了自己的年龄（图三、图四）。

后来担任博物院副院长的李勇先生曾在一篇文章中这样写道："1983年8月间，梁馆长带我陪同古书画鉴定专家刘九庵先生前往各县市鉴定文物，在短短四天时间里，两位老先生一路风尘仆仆，先后去了太谷、介休、代县等地，每天都是早上六点出发，晚上九点多才能回到住地。盛夏三伏，酷热难耐，车上没有空调，中午也不能休息，很是辛苦。一天下来，我一个年轻人都

图三 1985年5月梁儁馆长与山西省博物馆部分职工在文庙大成殿前合影（第一排左起分别为：梁秀芝、谢劳、胡振祺、梁儁、陈广尧、张德光、丁力军、吴崇谦、吴蓉卿）（摄影：薛超）

图四　1982年春山西省博物馆和新疆吐鲁番文管所共同举办的吐鲁番文物全国巡回展工作人员留影（一排右起第四位为梁儁先生）（摄影：薛超）

感到疲惫，更何况已是60多岁的老人。从两位先生身上，我看到老一代文物工作者尽职尽责、鞠躬尽瘁的奉献精神！"

长年累月的工夫和不辞辛苦的实践，练就了他高超的鉴赏力。

据山西省艺术博物馆副馆长王平先生回忆："梁馆长、胡振祺先生（姥爷的同事）历时近半年，先后对大同、朔州、侯马、运城等八地市馆藏文物进行了分级鉴定（图五、图六），有一次在雁北考古工作站的同志拿着一幅画请梁馆长鉴赏，当画卷刚打开到一半时，梁馆长就讲到是谁的字画，是什么时代，是作者什么时期的作品，在场的各位专家学者都鼓起掌来，大家再次领略到梁馆长在书画鉴定方面的渊博知识和鉴赏能力！"

姥爷一辈子都在不断地学习。记忆中，屋里昏黄的灯光下，总能看到姥爷伏在方桌上，手持放大镜，或在看书，或在欣赏

图五　梁偁先生在大同云冈石窟考察留影（摄影：王平）

图六　1988年春全省文物鉴定专家组在运城垣曲工作留影（一排右起第三位为梁偁先生）

着字画，仔细一段一段地看，有时一幅画能一连看上几个晚上，沉浸其中，有时还会喃喃自语，仿佛是在与古人对话。我想，他看的不仅仅是字是画，而是欣赏古人的智慧，汲取精神的力量。每每浮现这一幕，总能感受到姥爷对传统文化和文物事业由衷的热爱。他渊博的知识、丰富的经验，就是这样日积月累而来。

大约在1985年前后，著名收藏家钱自在先生有意将自己珍藏的一批文物捐献给家乡，姥爷为此多方奔走，联络相关事项，会同其他有关人员一道努力，终将捐献事宜顺利完成，并与钱先生结下了深厚友谊，后来姥爷病重期间，钱先生曾多次前来探望。

在姥爷的众多朋友中，不少都是以书画结缘。著名的书法家李德仁先生便是这样一位忘年之交。李先生早年在太原重型机械厂工作，热爱书画，勤奋好学，经常外出写生，每次回来都会将自己的作品和从乡下收集的一些书画拿来请姥爷鉴赏，姥爷总是兴致盎然，相谈甚欢。李先生后来成为山西大学教授、山西省著名画家、书法家。姥爷去世后，李先生为姥爷手书挽联："缥缃玉轴三晋明鉴从此少，芝草丹方一生遗泽属人多。"每次读到这副联，我的眼前都会浮现出姥爷的身影，仿佛看到姥爷与他的朋友们相互切磋、一同品鉴的场景，感受他们一同为那些珍贵书画的传承而付出的努力，感受到他们彼此相惜、彼此珍重的熠熠情怀，更感受到姥爷孜孜不倦、献身文博的精神！

在今天的开化寺街，有条旧时的胡同，叫南牛肉巷。南牛肉巷八号院是我和姥爷一起居住的地方。那是一个两进的院落，住着姥爷和他的五个兄弟及他们的孩子们，是一个其乐融融的大家族。

在我出生后不久，姥姥就去世了，之后的二十多年里，姥爷一直是一个人生活。他独自承担着生活的繁杂，家里从来都是窗明几净，一切井井有条。

姥爷和我住在后院的西厢房。房间陈设简单而古朴：进门中厅是一张大的八仙桌，两边各一把太师椅，桌与墙之间隔着巨大的条案，条案上摆放着一对帽筒和各类书籍，一幅中堂悬挂其上。条案边是一个敦实的三斗柜，柜上摆着一座英式古钟和一对红色瓷罐，四周墙面错落着姥爷喜欢的字画，有扇面，有斗方。

姥爷平时言语不多，为人谦和，是院中最受人尊敬的慈爱的长辈。姥爷对后辈很是疼爱，对孩子们很是关心，从不奢望孩子们的回报，只是负起家族长者的责任，默默承担着一切，从不与人道苦。听老人们说，在三年困难时期，姥爷曾用自己心爱的收藏换回粮食，帮助全院人度过那些饥荒的日子。在时代洪流的撞击与漂泊中，姥爷始终坚守着内心的光明，追寻美好，像冬日里一束阳光，温暖着那些年月那些人。

结束了一天的忙碌，姥爷总要拿上一些好吃的，挨个到那些还在咿呀学语的孙子和外孙屋前去看望他们，他并不进屋，只是站在门口，孩子们很神奇地知道大爷爷来了，欢呼着跑出来拿上吃的，又欢快地跑开，姥爷则一脸惬意地回到自己的屋里。

我的家在西山矿务局，我母亲是姥爷唯一的女儿。从我记事起，姥爷每个星期天都要骑上他那辆破旧的自行车上西山，全程一路上坡，大约要一个钟头。车子上挂满了各种各样好吃的，大包小包装得满满当当，而姥爷平日里的生活却是极其简单。每到星期天，我和弟弟、妹妹像过节一样，在路边等着姥爷的到来。在大约20多年的时间里，从未间断，无论刮风下雨还是冰天雪地，直到他年迈体弱，再也无力蹬车上山。

在姥爷家最快乐的记忆就是过年了。每到腊月小年，院子里年味便渐渐浓起来。二十四五打扫家，屋里所有的家具都要搬到院里，把犄角旮旯全部清扫，新的窗纸洁白如雪，中间的两块红色，显得格外耀眼喜庆。姥爷书法很好，所以写对联是姥爷的拿手活儿。一幅幅散发着墨香的红红的对联被人们传递着贴到墙上、门上，年的气氛立刻就出来了。除夕的夜晚，小院里各处都挂了灯笼，炉子上或蒸或炖着过年的美味，蒸腾的热气氤氲在明亮的玻璃窗上，院子里早已架好柴堆，子夜时分姥爷和孩子们会把旺火点燃，所有的人都聚拢在旺火边，孩子们放起烟花，火光映红了一张张喜悦的脸，大家谈笑着、祝福着，希望来年红红火火，吉祥如意！这样的年味长久地留在我的记忆里，温暖着我过去和现在的生活。每到过年，这些美好的场景就会扑面而来，让我久久回味（图七）。

姥爷还有一大专长，就是中医。每到夜晚或星期天，总会有慕名而来看病的人，有的一家几代人都是姥爷给看病，无论贫富、亲疏，从来分文不取，只是把药的煎法、用法、注意事项一一地讲解清楚。有的老人多年以后还保留着姥爷开的方子，

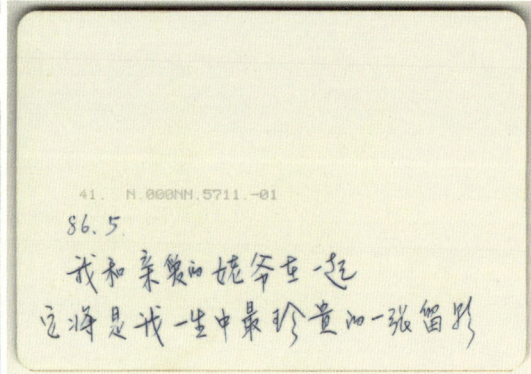

图七　1986年5月刘超先生与姥爷梁隽合影照片（正背面）

姥爷去世后很长时间，还常有人上门求医。

　　姥爷从来没有炫耀过自己的善举，只是一直默默地、笃定地做着正确的事，就像他捐赠文物，是对中国文化遗产保护的有力支持，他没有留给后代这些珍贵的文物，而是大公无私地将其捐赠，让文物得以留存下其中镌刻的历史。我想，姥爷崇高的道德情怀，就是留给我们后代最宝贵的财富，而他的善举则成为了一泓清泉，浸润着历史文化的脉络，也滋润着我们后代的情感品格，让我们时刻怀着对中华文化的敬畏去传承这些充满凝聚力的民族精神（图八）。

　　这段时间常常沉浸在回忆中，往事历历如昨，姥爷是我心中最完美的亲人，是我一生温暖的源泉！有时觉得姥爷就在我的身边，望着我，望着我们，望着这个新时代，叮嘱着我们要肩负起传承的责任。

图八　梁隽同志从事文博工作三十周年证书

讲述人介绍

刘 超

刘超，梁隽外孙，生于1964年，中共党员。1986年毕业于太原理工大学土木系给排水专业，1986～1989年在太原化工厂工作，1989～1998年任山西恒山房地产公司分公司经理，1998～2020年任山西同信房地产公司总经理，2020年至今任山西大地安美生态科技有限公司总经理。

捐赠人介绍

梁 隽

梁隽（1914~1988），字达之，号秀山，山西太原人。出身于书香世家，自幼勤学不辍，泛览群书，尤其钟情传统书画的鉴赏和收藏，致力于山西书画名家的研究，是国内外公认的傅山研究专家。1951年开始从事文博工作，献身文博事业30余年，1980~1986年，出任山西省博物馆副馆长，后任名誉馆长、中国博物馆学会理事等职。

追忆父亲保护文物的故事

雷 亿

山西博物院的很多重要藏品，都有一个特殊的来源：太原电解铜厂拣选。这些文物得以保存，都和一位老人密切相关，他就是太原电解铜厂的副厂长雷毓祺。

是在怎样的历史背景下使这一大批文物得以幸存？又是怎样一种使命让这位老党员历时20年在自己的岗位上守护初心？虽然雷毓祺先生已离开我们，但他的故事值得我们永远铭记。今天，就让我们跟随雷先生的女儿雷亿，一起回到那段特殊的时光，追忆那不平凡的文物保护经历。

父亲是1949年2月在西北炼钢厂，也就是现在的太钢参加革命的，1949年7月组织上选派他到北京，参加中央公安干部学校，也就是现在的中国人民公安大学培训学习。在学习期间，成绩优秀，表现突出，于1950年1月光荣地加入了中国共产党。毕业后，他肩负特殊使命返回太钢，成了一名我党和平时期不公开党员身份的秘密党员，在隐蔽战线为党默默工作了二十多年（图一）。

图一 2003年雷毓祺先生在北京白云观参观（原中央公安干部学校旧址）

父亲当年的同学，毕业后大多都在公安战线工作，许多都是厅局级干部，父亲被选中做隐蔽工作，公开的身份是工人，享受的是工人薪资，政治面貌是群众，多次错过升迁机会。1972年身份公开后，如同在厂里响了个炸雷，"我们的党真是伟大，现实中还真有电影里的英雄

人物"，大家从心底里更加敬佩父亲，他们说："难怪雷师傅能力强，人家本身就是党员、就是干部。"

1957年12月，组织上决定他随同建厂的第一任厂长白凯从太钢调出，在大营盘筹备组建太原电解铜厂（图二）。经过半年的筹备，1958年6月18日正式挂牌成立了太原电解铜线材厂。这个厂名只用了短短的86天，到1958年9月12日更名为山西省太原市地方国营电解铜厂，1964年更名为山西省地方国营太原冶炼厂，1972年更名为太原电解铜厂，1986年更名为太原铜厂，1988年更名为太原铜业公司。父亲在这个企业工作、生活了51年，就是在这半个多世纪中的1964年到1984年这20年间，他在工作中发现、抢救出了一大批文物。

图二　1958年雷毓祺先生调任电解铜厂时的工作照

父亲是1963年担任生产总调度的，具体工作就是协调、组织、管理生产。父亲的这个总调度不同于别的企业的总调度，因为历任厂长在父亲担任总调度期间都没有设生产副厂长，都是由父亲统管这块工作。用父亲的话说，身份公开不公开对工作来说都是一样的，只不过换了个称呼，从师傅叫成了厂长，从工人变成了干部。父亲是1974年被中共太原市委正式任命为厂革委会副主任、党委委员。正式进了厂领导班子，分管生产。

特殊的历史环境造就了特殊的人物性格，特定的历史时期诠释了拣选、抢救、保护文物的一段历史。

1964年的一天，父亲偶然看到《新民晚报》上刊登的一篇关于《上海冶炼厂炉前拣选文物》的报道，心想：我们太原冶炼厂和上海冶炼厂同属一个类型的企业，用的原料和生产的产品完全一样。在计划经济时期，国家实行统配统销，每年都是冶金部，后来是有色金属总公司给企业下达计划，原料和产品由国家统一调拨。因此，我们厂生产用的原料——废杂铜除了省市供销社、废旧物资回收公司和省市金属回收公司提供外，国家还要从周边省市陕西、河南、河北、内蒙古等地调拨，我们厂来的原料中也应该会有文物。于是，父亲便开始了自己的

图三 1965年电解铜厂拣选的文物——西周铲币

"寻宝之路"，只要一有时间就到原料堆场上转转，寻觅有没有"宝贝"。真是功夫不负有心人，一天父亲主持召开完调度会，安排好生产后来到原料库，在废铜堆中发现了一把小铜铲（图三），形制特别，似铲非铲，他感觉是个不一样的东西，于是就找到山西省博物馆的吴连城教授，吴教授看后惊奇地说："这是一件西周时期的货币，叫原始布。"

父亲听后又惊又喜，惊的是这么珍贵的文物差一点被扔进炉内熔为铜水；喜的是我们厂来的原料中也真有"宝贝"。这是父亲拣选到的第一件文物，1965年吴连城教授在《文物》杂志第5期上发表了《山西省拣选到珍贵文物——西周铲币》一文（图四）。

这件事对父亲的震动很大，父亲感到肩负的责任重大，更加坚定了拣选抢救文物的决心，只要进了我们厂的废铜必须精挑细选，决不能让国家的文物在自己的眼皮底下消失。然而，对于文物一窍不通、历史知识知之甚少的父亲来说，要在堆积如山的废铜中拣选文物又谈何容易。可一想到混藏在杂铜里的文物随时都有被化成铜水的可能，强烈的责任感促使他下决心学习有关知识。父亲订阅了《文物》、《考古》杂志，购买了《中国通史》等历史书籍。从那时起，父亲就养成了读书的好习惯，工作再忙每天都要坚持学习。父亲经过两年系统的理论学习和每天到现场观察，特别是在博物馆专家、老师的指导下，从最初保护文物的责任心，硬是对青铜器产生了感情，凭着过目不忘的超强记忆力，掌握了大量的文物知识，成了业内的"土专家"，大家尊称父亲是"铜家"。

有段时间，父亲发现进厂的原料中混杂的文物多了起来，靠他一个人根本拣选不过来，担心原料工不懂误将宝贝送进冶炼炉里。于是，他组织了由原料库工作人员组成的拣选文物小组，利用原料库工作的特殊性，把日常工作和拣选文物有机结

图四 1965年《文物》杂志第5期封面及《山西省拣选到珍贵文物——西周铲币》一文

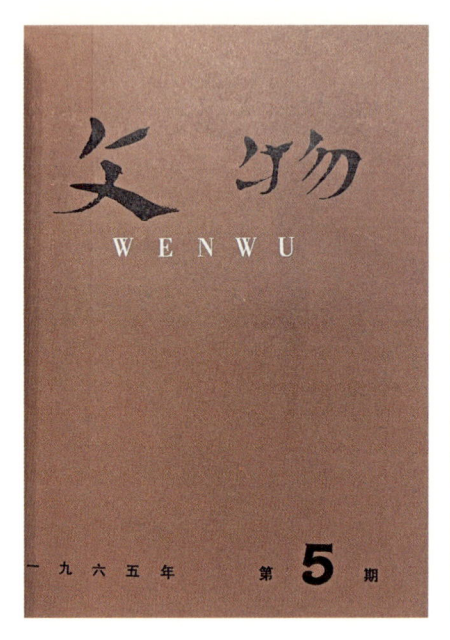

合。父亲亲自任组长，副组长是原料库库长史国干，组员有段弼臣、张尚璞、秦安康、宋三益、萨玲等几位师傅。父亲经常给他们开会，组织他们学习，请博物馆的老师到现场指导，带领他们去博物馆参观，经常强调拣选文物的重要性，"保护文物是我们义不容辞的责任，我们一定要做好这项工作"，并制定出拣选文物的方法，一开始是有器形的物件都拣选出来，由父亲拣选后再决定是否进炉，到后来师傅们能基本分清要拣选什么，原料库现场工的劳动强度很大，废铜是用麻袋包装，每袋一百公斤，袋袋都要倒出分拣。工作环境差，无论是酷热的盛夏，还是寒冷的严冬，都是露天作业。但是拣选小组的师傅们没有叫苦喊累，日复一日年复一年，像沙里淘金一样将进厂的废铜原料全部细心地过一遍，兢兢业业，锲而不舍，二十多年如一日，不仅满足了生产的需要，还为国家拣选出大量文物（图五）。

那时候，很多部门、工厂都停工停产，由于我们厂生产的产品——电解铜是国家重要的战备物资，国家照常下达计划，没有停止供给废铜原料。那几年，厂里也比较混乱，厂长、书记都被打倒了，成了走资派，父亲的身份很特殊，也不是领导

图五　山西博物院展出电解铜厂拣选文物

图六　电解铜厂拣选文物——提梁筒形器

但还是继续管生产，完成国家下达的各项任务，拣选文物的工作也没有中断。但是，由于文物部门停止工作，拣选到的"宝贝"无处上交。

于是，父亲安排人员在库房值班室中隔出一个小库房。为安全起见，父亲采用厂里保护金砖、银锭三人三把钥匙同时到位才能开锁的办法，并将窗户堵死，加固房门，24小时专人值班。这样做，几年拣选到的文物一件也没丢，到1972年文物部门恢复正常工作后，一次就向博物馆上交文物500多件，在那特殊的时期父亲就是这样保护文物的（图六）。

二十多年间，父亲和拣选小组的师傅们硬是从四十多万吨生产原料中拣选出并上交给国家各类青铜文物3000多件。从时间上看，这些文物上起商周，下至明清，绵延3600余年。从种类上看，包括礼器、生产工具、兵器、生活用具、车马器、铜镜、造像、量器、印章、货币等（图七）。

这些文物有的刻有重要铭文，有的造型独特，纹饰精美。有大到两米多高的铜佛像，有小到直径几厘米的古钱币，件件都具有很高的历史价值、科学价值和艺术价值，

图七 电解铜厂拣选文物

是研究各个历史时期政治、经济、军事和文化的极为宝贵的实物资料，总重量达到50多吨，其中，铜钱30多吨。经博物馆专业人员系统整理，共整理出中国历代古钱币30多万枚，900多个品种，品类丰富，有不少是稀缺珍品（图八）。

父亲在这二十多年中，不断学习，不仅对青铜文物有很高的造诣，而且对古钱币也进行了深度的研究。在学习研究过程中，集全了一套古钱币。1985年他将品相极好的、每一枚都带有他指纹的历代古钱币，捐给了中国钱币学会，得到了奖励人民币4000元，但他转手捐给公司幼儿园，为小朋友们买了钢琴。1987年我们厂被评为保护文物先进集体，同时父亲受到表彰。

保护文物功在当代，利在千秋。根据《文物保护法》规定，

图八 电解铜厂拣选的部分钱币

我国地下、内水和领海中遗存的一切文物,属于国家所有。同时规定,发现文物及时上报或者上交,使文物得到保护的,由国家给予精神或者物质奖励。

二十多年来,我们厂与山西省博物馆(山西博物院前身)通力合作,坚持不懈地从废铜中拣选文物(图九)。

我们多次得到博物馆的精神鼓励和物质奖励。比如1979年底博物馆用2958元购买一台彩色电视机送给厂里,当时来说是个很大的奖励,父亲把这台电视机放到单身宿舍楼上,丰富了职工的业余文化生活。

拣出的文物不论是一件,还是一批,博物馆都是按照当时的铜价与厂里即时结算,件件造册、登记、得到了最好的保护(图一〇)。

1999年太原铜业公司拣选文物荟萃《沧海遗珍》是对父亲拣选文物工作的最好总结(图一一~图一三)。

图九　电解铜厂拣选文物在山西博物院展出

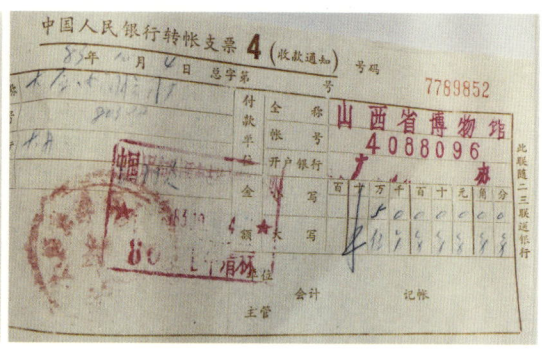

图一〇　山西省博物馆为电解铜厂开设票据

2009年山西博物院出版的《涓细成流——山西博物院捐赠文物选》，对父亲拣选文物工作予以再次肯定。

故事讲到这里基本上结束了，但父亲在1985～2009年这二十多年中，还在续写他的故事，成立了城南煤气指挥部，保质保量让这带的居民提前两年用上了煤气。让他最欣慰的就是组织退休人员将我厂多年沉淀的铜土、废渣变废为宝，把宿舍区的排房建成二十座楼房，建古玩城、青少年辅导站、纯净水厂、退休人员活动室……

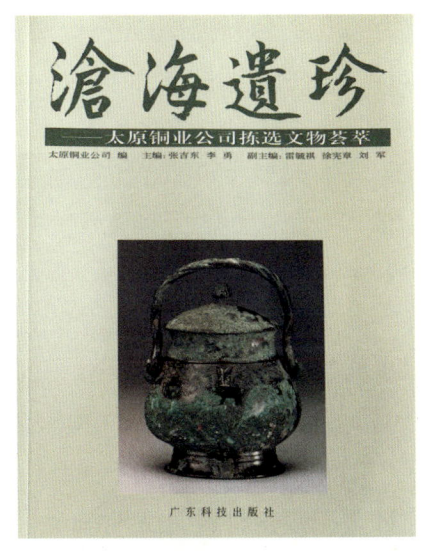

图一一 《沧海遗珍》书籍封面

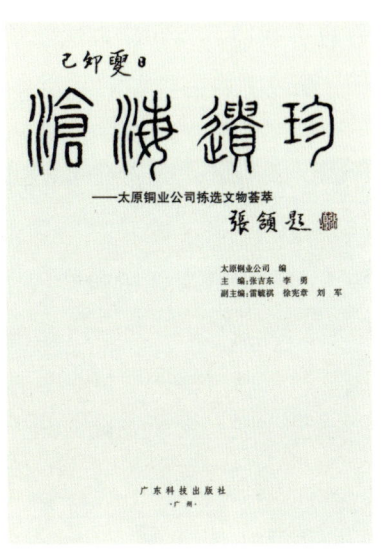

图一二 张颔先生为《沧海遗珍》题字

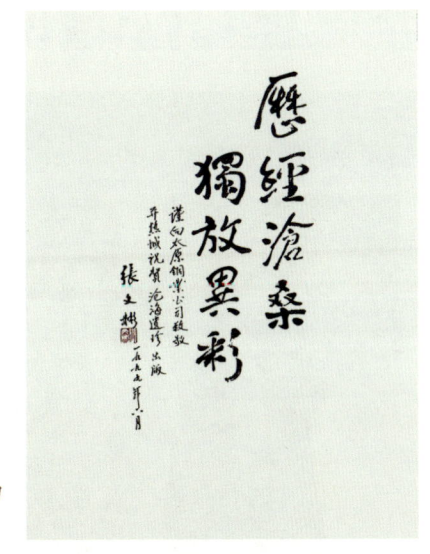

图一三 张文彬先生为《沧海遗珍》题词

2004年10月父亲被中共中央组织部授予"全国老干部先进个人",这是父亲一生中得到的最高荣誉。他当之无愧。

父亲离开我们已经快十三年了,父亲的一生是无私的、高尚的一生,父亲为国家、为社会、为铜厂奉献了一生。他留给了我们爱党、爱国家、爱厂的精神财富,他用自己的品质培养教育了我们，我们作为他的子女为此感到骄傲和自豪（图一四、图一五）！

图一四　1992年雷毓祺先生兄妹三家人在平遥老宅（第二排右起第四为雷毓祺先生）

图一五　1996年雷毓祺先生同家人在太原天龙山

讲述人介绍

雷 亿

雷亿，女，1956年出生，中共党员，雷毓祺之女。历任太原铜业公司供销公司经理、太原铜业公司供销处处长、太原铜业公司副总经理、山西泰元铜业有限公司董事长。

捐赠人介绍

雷毓祺

雷毓祺（1928～2009），山西平遥人，1949年2月参加革命工作，1950年1月加入中国共产党，历任太原冶炼厂生产总调度、太原电解铜厂生产副厂长、太原铜业公司老龄委副主任、太原铜业公司老年公司总经理、中国钱币学会会员、山西钱币学会理事。

沧海遗珍
——忆太原电解铜厂拣选文物

李 勇

　　文物记录了人类走过的印记，连接着过去、现在与未来。时间的泥沙曾裹挟着它们掩埋在铜山渣堆中，却又幸运地被一双双慧眼发现。

　　于是，它们变成了那一段历史的特殊见证者，成为博物馆中的一颗颗沧海遗珠。"千淘万漉虽辛苦，吹尽寒沙始到金。"当您流连于此，别忘了听听它们的故事……

　　博物馆藏品的来源不外乎是考古发掘出土与社会征集两种。其中的社会征集是藏品来源的主要渠道，包括收购、捐赠、调拨、交换、移交、拣选等。拣选主要是指文物部门通过与冶炼、造纸、物资回收和银行等部门合作，从废旧物资中拣选出具有一定历史、艺术、科学价值的文物。

　　从20世纪50～60年代开始，文物部门就开始在冶炼、造纸、物资回收工作中拣选文物。征集、拣选、保护这些濒临损毁的文物是我们博物馆人的责任，也成了当时博物馆收藏的主要工作之一。

　　山西省博物馆的文物拣选，首先要从太原冶炼厂说起。太原冶炼厂成立于1958年，先后更名为太原电解铜厂、太原铜业公司。由于公司生产以铜冶炼和铜加工为主，因此每年都要从全国各地购进大量的废铜用于冶炼。从20世纪60年代开始，山西省博物馆就由专人负责这方面的工作，负责冶炼厂文物的拣选。

　　时任太原冶炼厂生产调度的雷毓祺同志（图一），就是从那个时候开始从废铜堆中拣选文物的。一次雷毓祺从废铜中拣出一件小铜"铲",器形不大,形制却很特别,当他拿着这件小铜"铲"让山西省博物馆吴连城先生看时,吴先生惊喜地告诉他这是一件西周时期的货币——原始布,这着实让雷毓祺惊出一身冷汗,这么珍贵的文物,险些被扔进炉内熔为铜水,也由此开始了他和他的拣选小组的文物拣选之路,这一拣就是二十多年。

图一 雷毓祺厂长

从废铜中拣选文物,第一步是将从全国各地购回的废铜从麻袋里倾倒出来,拣出疑似文物。二是在搬运进炉前的再一次拣选。倒包时尘土飞扬,并夹杂着铜臭,呛眼刺鼻,而工人们像过筛子一样仔细拣选,每一枚铜钱也不放过。二十多年,四季寒暑,一如既往。

山西省博物馆的胡振祺、吴连城、梁儁先生亲自去铜厂,给他们讲授文物知识,把他们请到博物馆参观,以增加对文物的认识。经过一段时间的学习实践,拣选小组的师傅们基本能够分辨出什么样的铜器属于文物。如1971年12月20日,梁儁、范春生先生就从太原电解铜厂取回8件拣选铜器,其中速父戊提梁卣就是铜厂师傅们拣选出来的。

1980年,我调入博物馆保管部,第一项工作就是胡振祺主任带我去电解铜厂,与雷毓祺厂长及拣选文物小组的师傅们认识。那几年,每隔一段时间我都要去电解铜厂看一看;或是拣出重要的文物,雷厂长都会打电话告知。对于电解铜厂不断拣选出珍贵文物,为保护抢救文物做出的贡献,博物馆每年都会进行奖励。

20世纪70年代初,主要是精神鼓励,多是送一些毛主席画像和感谢信等。到了70年代后期,送一些皮手套等生活用品,对拣选小组的师傅进行奖励。1979年年底,山西省博物馆花2958元购买了一台彩色电视机送给电解铜厂,这在当时也是比较大的奖励了。

电解铜厂拣选出重要文物的事，经广播、报纸等宣传报道后影响越来越大，经过十几年日积月累的拣选，其中古钱币一项已达到几十吨。国家文物局、山西省领导对此也十分重视。1982年11月，国家文物局流散文物处刘巨成处长等三人专程来山西省博物馆进行调研，在听取了情况汇报后，又去电解铜厂实地了解情况，并商定落实拣选文物，主要是古钱币的征集经费。

1982年2月，时任省委书记霍士廉，在刘静山局长、胡振祺主任陪同下专程到太原电解铜厂了解情况，霍泛副省长等省领导也都亲临拣选文物现场，并就拣选文物的征集保护做出指示。

按照国家文物局、山西省领导的指示要求，为抢救保护拣选出的文物，从1983年开始，山西省博物馆与太原电解铜厂协商，在经费暂不到位的情况下，陆续从电解铜厂拉回古钱币，开始了先期工作（图二）。1984年，国家文物局正式下拨拣选文物征集专项经费14万元。

1983年8月，山西省博物馆开始了对古钱币的整理工作，23吨古钱币，约300万枚，要按时代、形制、类别、年号、书体、币值等进行系统的分类，一枚枚分清楚，工作量之大是可以想见的。

图二　清代钱币

为此，山西省博物馆成立了由保管部胡振祺主任负责的拣选小组，经过不断地实践摸索，总结出了一套行之有效的分类拣选方法。在此期间，国家文物局副局长庄敏、中国钱币博物馆馆长戴志强一行专程来山西省博物馆指导古钱币的拣选工作，在听取拣选古钱币的汇报后，现场看了拣出的古钱，并对古钱的拣选分类及方法给予肯定。

二十多年来，山西省博物馆与太原电解铜厂通力合作，坚持不懈从废铜中拣选文物，从数十万吨的废铜中拣选出各类青铜文物2000多件，铜钱30多吨。青铜器计有鼎、簋、爵、卣、壶、豆、匜、戈、剑、戟、镞、带钩、铜镜、博山炉、灯、鎏金造像、印章等十几类，其中一级文物6件，珍贵文物300多件。其中商代速父戊提梁卣、西周康生豆、簋、匜等青铜礼器，器形完整，实属难得。速父戊提梁卣为椭圆体，肩有二系套铸索形提梁，在其盖内顶和腹内底均铸铭"速父戊"三字。康生豆，在豆盘内底部铸铭文"康生作文考癸公宝尊彝"十字，即康生为致先公癸父而作的器物。西周时青铜豆发现不多，有铭文的更少，此豆的拣选，为研究西周前期的礼器提供了重要资料（图三～图六）。

拣选的兵器中有四件有铭戈，计有武阳左篆铭戈，为赵国兵器；安阳戈刻铭27字，为韩国兵器；特别是吕不韦少府戈，正面篆铭"五年，相邦吕不韦造……武库"背铸"少府"。从铭文可知此戈为秦始皇五年，吕不韦做相邦时，由王室的少府为武库所造的兵器（图七）。

铜镜是拣选文物中数量最多的，尤以汉唐铜镜最为丰富，如汉代博局纹镜、唐代的三乐镜（图八）和花鸟纹镜等，表现

图三　商代饕餮纹鼎

图四　商代速父戊提梁卣

图五　商代铜胄　　　　　图六　西周康生豆及铭文

图七　战国吕不韦少府戈　　图八　唐代三乐镜

了极高的工艺制作水平。

拣选出的三件有铭量器，土匀錍为扁鼓腹，腹饰绳络纹，颈一面线刻篆铭一行："土匀容四斗錍"，其中"土匀"为地名，在今山西石楼县，战国属赵，为战国时期赵国量器（图九）。三晋铜量传世较少，赵国量器未见著录，此器更显珍贵。

此外，诸如隋唐鎏金造像、金代九叠篆官印及具有少数民族特色的铜牌饰等都不乏精品（图一〇）。

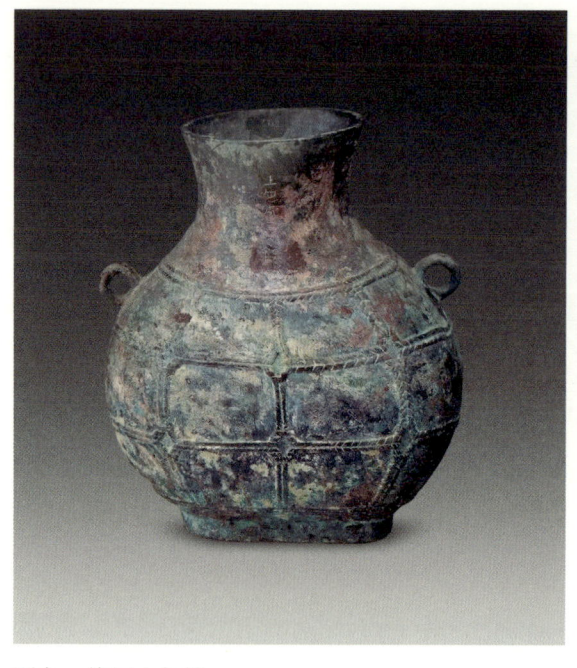

图九　战国土勺錍　　　　　　　　　图一〇　隋鎏金菩萨造像

　　从1984年至1986年，经过两年多的系统整理，我们共整理出中国历代古钱296123枚，905个品种。日本、朝鲜、安南古代铜钱21823枚，122个品种。其中北宋和清代钱的数量最大，其次是西汉五铢钱、唐开元通宝和日本宽永钱，都在万枚以上，有不少稀缺珍品，如西周原始布，战国枙爰当忻、一珠重一两十四，秦圜钱，西汉三铢，新莽一刀平五千、合背布泉、大泉五十铜质钱范，后赵丰货，唐大历元宝，麴氏高昌国的高昌吉利，会昌开元的背双"兴"异品，北宋熙宁元宝背"衡"小平对钱、至和重宝折三钱、重和通宝小平、宣和元宝小平对钱、靖康元宝折三对钱，南宋建炎通宝，辽大康通宝银钱，明洪武通宝背"济"小平，清嘉庆通宝小平雕母、咸丰通宝小平铁母等，俱为稀有之品（图一一）。

图一一　新莽钱币

　　1984年9月，国家文物局在中国历史博物馆举办了全国拣选文物展览，来自全国二十五个

沧海遗珍——忆太原电解铜厂拣选文物

省、自治区、直辖市的一千多件文物参加展览，山西省博物馆60多件文物参展，拣选文物的成果在此次展览中得到充分展示。

1985年10月，山西省博物馆举办了"山西省拣选文物成果展"，共展出拣选青铜文物114件、钱币879枚。

2000年，山西省博物馆举办专题展"沧海遗珍——太原电解铜厂拣选文物展"并出版了《沧海遗珍——太原铜业公司拣选文物荟萃》图录，国家文物局张文彬局长为此题词，"历经沧桑，独放异彩"，也算是为拣选文物画了一个圆满的句号（图一二）。

保护文物功在当代，利在千秋。每当我们看到这些历经沧桑，劫后余生的"宝贝"时，总会想起为抢救保护这些文物的"功臣"和拣选文物背后的故事。

太原电解铜厂的雷毓祺厂长及史国干、段弼臣、张尚璞、秦安康、宋三益、萨玲等同志，不论严寒酷暑，二十年如一日，沉寂于铜山渣堆之中，像沙里淘金一样细心筛选，锲而不舍，默默奉献，这些文物见证了他们的辛苦与付出（图一三）。

山西省博物馆的胡振祺、梁隽、吴连城、范春生、张献哲、裴荃香等先生，凭着对文物事业的执着，往返于博物馆与电解铜厂之间，亲临拣选文物现场，向工人师傅们详细介绍文物的名称、时代、用途等，悉心指导，拣选出的每一件文物都浸透着他们的心血。

正是因为有这样一些热爱文物事业，兢兢业业的文物工作者，才能使这些濒临损毁的文物得到保护。

拣选文物作为那个特定历史时期、特殊历史环境下的一段历史已经过去。今天，我们正在开展"不忘初心、牢记使命"主题教育，守土有责，把祖先遗留下的文物保护好，就是我们恪守不变的初心；坚定信念、传承中华民族优秀文化是历史赋予我们的使命。我们要不忘初心、砥砺前行，再创山西博物院百年辉煌。

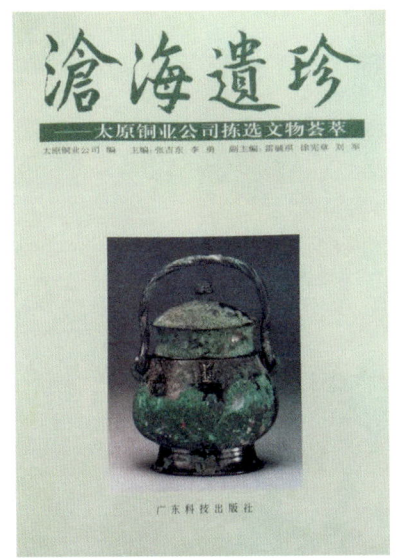

图一二 《沧海遗珍——太原铜业公司拣选文物荟萃》图录

图一三 商代透雕龙纹钺

讲述人介绍

李 勇

李勇，山西博物院研究员，历任山西省博物馆保管部主任、副馆长，山西博物院副院长，长期从事博物馆藏品的管理与研究。

三十年前老一辈人的捐赠往事

段晓飞

在博物馆浩如烟海的收藏之中，由艺术家本人捐赠的个人作品是重要的捐赠类藏品。艺术作品，凝结着创作者的心血，是作者精神的延续。捐赠个人宝贵的精神财富，将其分享给世人，是慷慨，也是传承。

值此中国共产党百年华诞之际，本期《约读》走进段云先生的捐赠往事，重温红色记忆，汲取精神力量，赓续红色血脉，感悟初心使命。让我们一起去聆听作品无声讲述的那段弥足珍贵的革命历史，共忆峥嵘岁月，思考中国共产党的使命和担当。

段云先生，一生牢记艺术为人民的初心，怀着崇高信仰，坚持为党执笔，我书我心，以笔墨的形式再现共产党人的坚定信念，始终服务人民，热心公益。1990年段云先生将个人114件作品无偿捐赠给山西省博物馆，体现了德艺双馨艺术家的无私境界和崇高风范。不变的初心，闪耀着革命理想的光辉，最终汇聚成大江大河般的气势格局。

我叫段晓飞，是个退休干部，也是个公益志愿者。虽然岁月催人老，但退休以来从未赋闲，而是加入到山西省晋绥文化教育发展基金会做了志愿者，每年都为山西老区做公益（图一）。扶贫济困、捐资助学、寻找烈士、帮助孩子、传承红色文化、弘扬吕梁精神。这正是老一辈的教诲和嘱托——为老区人民捐出爱心，用真情回报这片土地……

我并非捐赠人，只是捐赠人的后代，我可以把亲历和知道

图一　段晓飞先生为栏目组讲解晋绥解放区烈士陵园

的台前幕后故事说出来。山西博物院收藏着我父亲段云捐赠的一批书法作品，共114件，至今已有三十多年（图二、图三）。十年前，我曾在山西博物院的官网上看到过这样的评述，"……20世纪90年代初，当代著名书法家段云先生和著名书画家阎丽川先生，先后向省博物院捐赠自己的书法与绘画作品100余幅，开启了当代艺术家向家乡博物院捐赠的先河，影响巨大。"

我的父亲段云，他是临汾蒲县人，1912年生，1933年毕业于山西大学法学院，并以优异成绩考取了官费留学。当时的阎

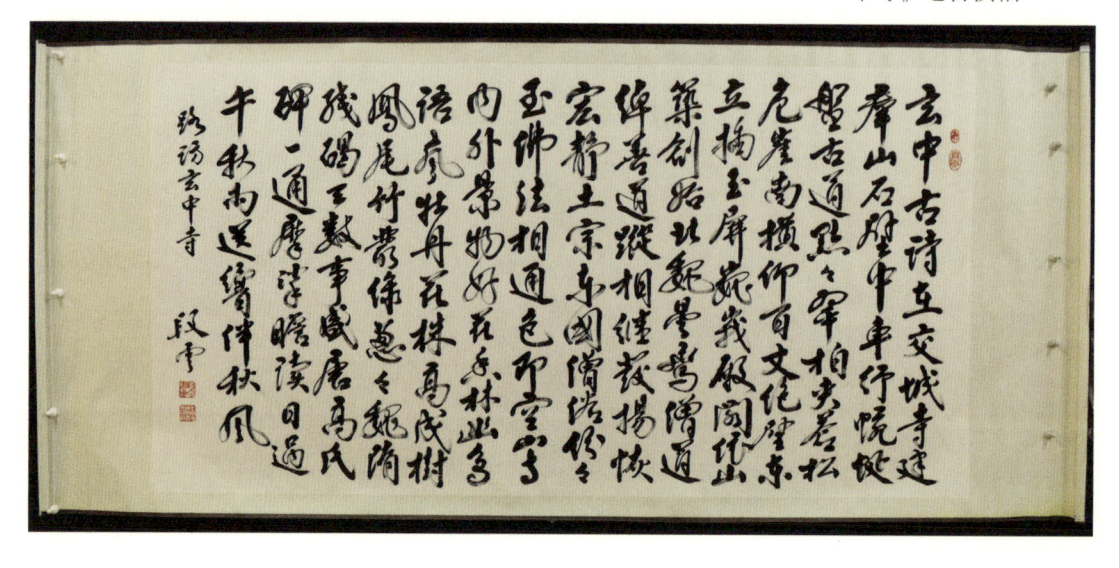

图二　山西博物院收藏段云先生行书《路访玄中寺》七言横幅

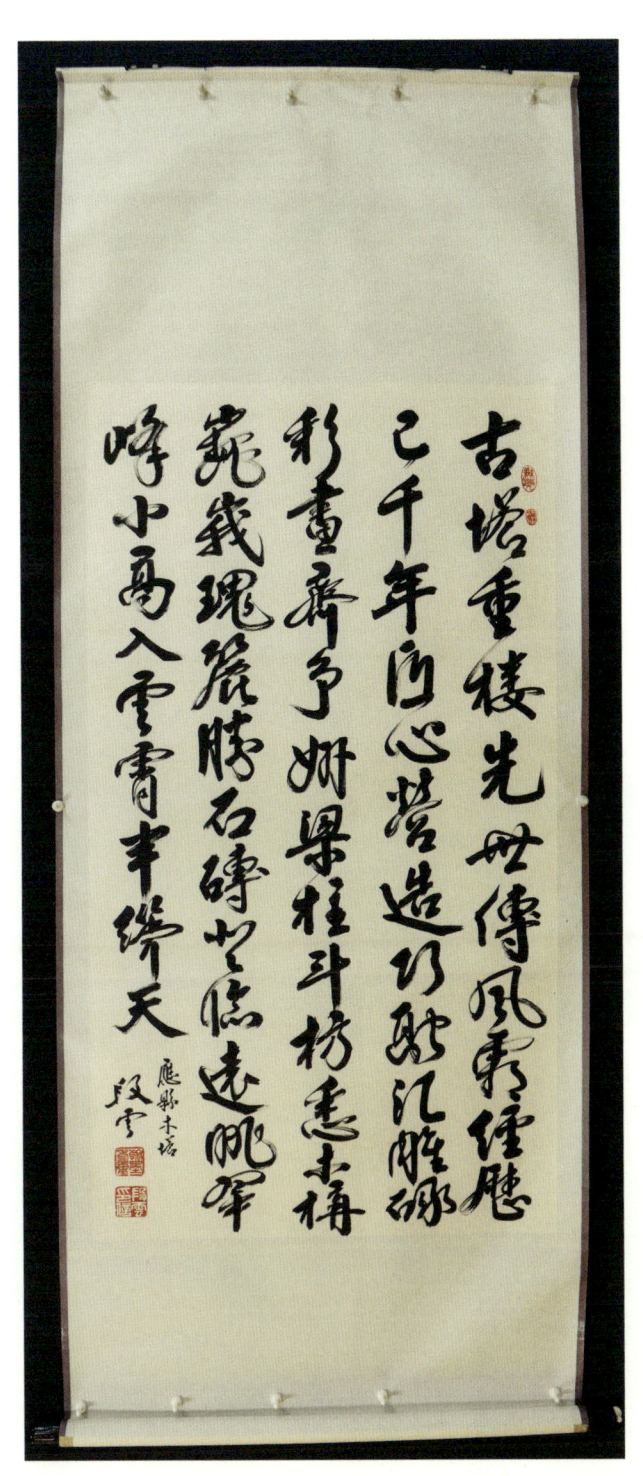

图三　山西博物院收藏段云先生行书《应县木塔》七言诗轴

锡山政府立有戒规，留学生毕业后必须回山西工作，学费则一律由原籍负担。全县百姓每家出一个大洋，所以他当时是扛着家乡蒲县老百姓给的一面袋大洋，与山西老革命家武新宇先生等一起去日本留学。父亲常说，他这一生的知识、才干、成就都是家乡人民给予的，把这些文化财富还给他们本是情理之中。"滴水之恩，当涌泉相报"。他在日本明治大学留学期间，积极从事爱国救亡斗争，是当时"中华留日学生联合会"负责人之一（图四）。

1937年春毕业回国，他投笔从戎，谢绝了山西大学的讲师工作，返乡投身抗日战场，加入了中国共产党。他在晋绥根据地战斗了十一年，曾任续范亭将军的秘书，晋西北行署经济总局局长、中共中央晋绥分局调查研究室主任。1949年随大军南下，先后任西南军政委员会办公厅副主任兼西南土改委员会秘书长、西南财政部副部长，后调京任中央人民政府财经委员会第三办公室副主任、国务院总理办公室副主任、国务院财贸办公室副主任、国家计划委员会副主任（正部长级），在中共十一届三中全会和党的十二大上，两度当选中央纪律检查委员会委员（图五～图七）。

父亲还是一位经济学家，出版

图四 1934年夏，段云赴日本留学逢第一个暑假，回国后与家人拍摄的"全家福"（后排左起第四为段云先生）

有《段云选集》和《财政金融论综》（图八），曾任国务院物价领导小组组长，国务院财政金融税制改革小组组长。

他博学识广、雅爱诗词，曾担任北京诗词学会顾问，有诗集《旅踪咏拾》问世（图九）。他少承家传，研习中医，热心为群众诊疾医病。曾受聘担任"两会一党"（中国民主建国会、中

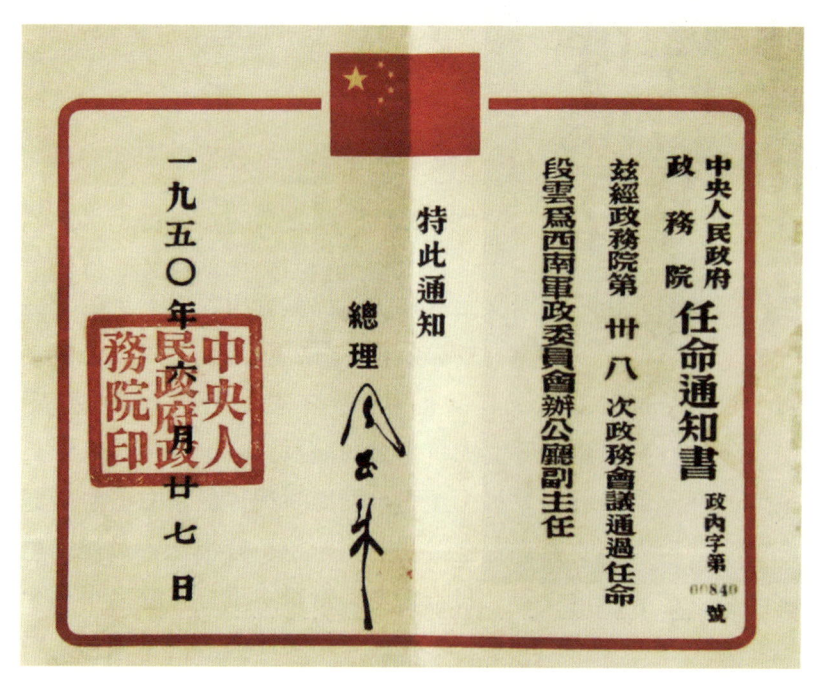

图五 段云先生"西南军政委员会办公厅副主任"的任命通知书

三十年前老一辈人的捐赠往事 | 101

图六　段云先生"西南军政委员会财政部副部长"的任命书

图七　段云先生"国务院总理办公室副主任"的任命书

图八　《段云选集》及《财政金融论综》

图九　《旅踪咏拾》

华全国工商业联合会、中国农工民主党）全国中药咨询服务理事会的总顾问，并兼任光明中药函授学院名誉院长。他是一位久负盛名的书法家，出版有《段云书法作品选》、《段云自书诗词》及《段云书法集锦》，曾被推选为中国老年书画研究会名誉副会长（图一〇）。

百岁高龄的中国人民大学原校长袁宝华先生在《段云书法集锦》序中写道："他自幼临帖习字，一生酷爱书法。不论在戎马倥偬的年代，还是在任重事繁的建设时期，他从未中断对书法艺术的追求……他性格刚直，胸怀坦荡，忠心耿耿，铁骨铮铮。他是非分明，嫉恶如仇，待人诚恳，满腔热忱。他常说，写字和做人一样，要老老实实，不迎俗媚世。他从不以名家自居，凡是请求题书的，都有求必应，分文不取。书法成为他生命存在的一种价值，成为一生与社会、与人民联系的一个重要纽带。"

著名画家黄苗子先生为《段云书法作品选》（图一一、图一二）作序时特别讲道："在书道上他始终以欧阳修'不侧倚取媚，不狂怪怒张'的原则律己；以李北海、颜鲁公、柳诚悬的'心正则笔正，骨刚书亦雄'的精神自勉。他循着不事乖张，不取奇巧的道路，以行楷为主，兼及篆草；从欧、颜入手，远宗二

图一〇　1962年春节，段云先生家人在京合影

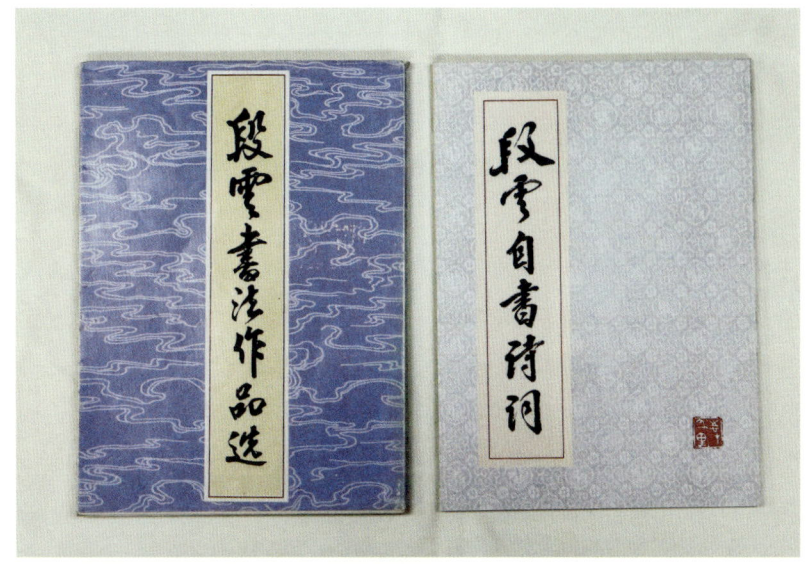

图一一 《段云书法作品选》及《段云自书诗词》

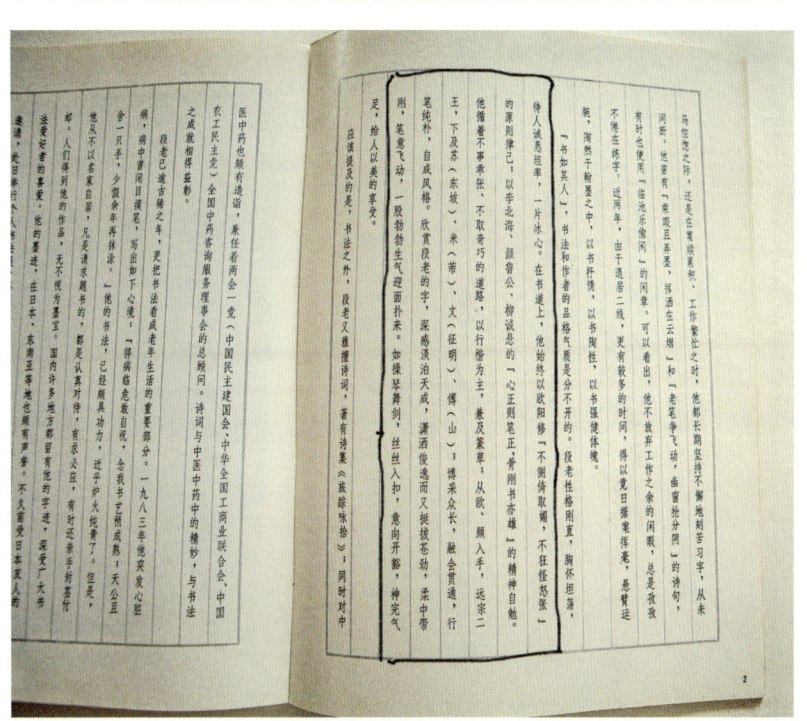

图一二 黄苗子先生为《段云书法作品选》所作序文（节选）

王，下及苏东坡、米芾、文徵明、傅山；博采众长，融会贯通，行笔纯朴，自成风格。欣赏段老的字，深感淡泊天成，潇洒飘逸而又挺拔苍劲，柔中带刚，笔意飞动，一股勃勃生气迎面扑来。"

中国书法家协会主席启功先生曾为家父题诗："太原段帖寿

霜红，三百年来墨苑宗；溯往开今真谛在，天然平淡仰云翁。"（图一三）诗坛泰斗赵朴初先生看到他的诗词、书法后有感而题，"奇思来往起山灵，豪情千古忆苏辛。"（图一四）

1988年秋，北京中国美术馆举办的"段云书法展"颇受好评。山西省政府文化及文物部门领导特意来京，邀请父亲的书法作品赴山西展览，并做了相应准备。1990年，家父的百余件作品被送往山西省博物馆展出，受到当地广大书法爱好者的欢迎。当时的山西省博物馆位于太原市纯阳宫，这是始建于元代的一座道教建筑，"段云书法展"就在这里展出（图一五）。

展室都是一间间殿堂庙宇，古朴典雅，使书画作品有种穿越时空的感觉。展览结束后，省领导和山西书法界同仁都希望这批墨宝能留在三晋大地。有关负责同志向家父提出请求，可否留些作品给家乡的博物馆？墨宝要珍藏，文化须弘扬。其实

图一三　启功先生题诗　　　　图一四　赵朴初先生题词

父亲也早有捐赠这批书法作品给山西的打算，于是当年10月在山西省博物馆展览的114件书法作品，全部无偿捐赠给了山西省博物馆（图一六）。当时国内一次捐赠百余幅作品的先例并不多，老人家的一个口头承诺"就留在山西省博物馆吧！"一诺千金，不求回报，没有协议，甚至不要一个收条，完全是一种信任，一种厚爱，一种情怀！

父亲八十岁时，将凝聚着他一生心血的作品和珍藏，全部无偿地捐赠给家乡蒲县人民。有他在国内

图一五　董寿平先生为段云书法展题字

图一六　1986年7月，段云先生携夫人登临汾钟鼓楼留影

外展出过的全部作品，以及国内名人与他交往答酬的书画珍品数百幅，还有他一生积藏的古籍善本、名著及各类书籍数千册（图一七、图一八）。李先念主席闻讯后感慨题词"殷殷游子情，拳拳报国心"（图一九）。

当地政府为弘扬中华文化，激励后人，修建了段云书艺馆，赵朴初先生特意题写了馆名（图二〇）。

四年后父亲离去，八十四载人生，一身正气，两袖清风。

图一七 段云先生捐赠给段云书艺馆的部分古籍善本、名著及书籍

图一八 《约读》栏目组在段云书艺馆学习调研

三十年前老一辈人的捐赠往事 | 107

图一九　段云书艺馆工作人员为栏目组展示李先念先生题词

他没有给子女留下一点儿遗产，但他把中华文明中最灿烂的种子播撒在养育了自己的土地上。那些不朽的作品，还将承载着历史，续写华夏的文明。

图二〇　段云书艺馆

讲述人介绍

段晓飞

段晓飞，男，汉族，1953年出生，段云之子。山西省晋绥文化教育发展基金会副理事长兼秘书长、中国延安精神研究会理事。1969年下乡赴内蒙古生产建设兵团。1970年入伍在38军114师341团，1971年加入中国共产党。参军期间曾四次荣立个人三等功，并带领所在单位三次荣立集体三等功。1985年任38军甲种摩托化步兵团团长。1988年转业后，在办公自动化行业奋斗20年。

2012年编著《段云书法集锦》由中央文献出版社出版发行。退休后一直致力于传承红色文化，热心公益事业，积极帮扶老区。

捐赠人介绍

段 云

段云，又名段连荣（1912～1997），山西蒲县人，山西大学法学院毕业，著名经济学家。1938年7月加入中国共产党。新中国成立后，长期从事财贸和经济工作，先后担任西南军政委员会办公厅副主任、西南财政部副部长、国务院总理办公室副主任、国务院财贸办公室副主任、国家计划委员会副主任（正部长级）、中央纪律检查委员会委员等职。段云兴趣广泛，工作之余擅书法、诗词、中医，曾任中国老年书画研究会名誉副会长，是国内较有声望的书法家之一。主要著作有《段云选集》、《财政金融论综》、《段云书法作品选》、《段云自书诗词》、《旅踪咏拾》等。

父亲力群的艺术生涯

郝　兰

他是革命年代成长起来的人民艺术家，他曾创造了很多深入人心的版画形象，他始终保持着倾听大众心声的亲切情怀，他的一生都在践行"来自人民、植根人民、服务人民"的艺术理念。

今天，让我们重新翻起20世纪50年代力群先生捐赠博物馆的《晋绥人民画报》，随着力群先生之女郝兰女士的追忆，走近这位人民艺术家的艺术生涯。

我的父亲力群，原名郝丽春，1912年12月25日出生于山西省灵石县郝家掌村，我的爷爷郝昌绪是清末民初的一位盐商，曾经营于山东高唐、滕县等地。父亲家中有兄妹五人，父亲排行老二，上有一个姐姐，自他参加革命工作以后，在他的影响和带动下，两个妹妹和一个弟弟都走上了革命道路。父亲于1927年考入太原成成中学，师从赵赞之先生学习绘画，为以后走上美术道路奠定了基础。1931年，父亲考入国立杭州艺术专科学校（今中国美术学院）。九一八事变的突发，惊醒了父亲的艺术美梦。1933年，在鲁迅先生的倡导下，他与同学组织了"木铃木刻研究会"，并在"左翼美术家联盟"的领导下走上了为拯救祖国和人民而艺术的道路。卢沟桥事变不久，在上海八一三抗战中，父亲和许多进步青年一起参加了"上海救亡演剧队第六队"。不久，他又应聘到安徽省第一民众教育馆，创办《人人看》报纸和木刻画刊《铁军》，并以战斗的姿态创作了《抗战》、《受难的同胞》、《这也是战士的生活》等一系列木刻作品（图一、图二）。

图一　力群与同志们合影（二排右二为力群）

图二　"战地写生队写生画展"门前合影（右二为力群）

1940年，父亲到延安，任"鲁迅艺术文学院"美术部教员，1941年11月11日正式加入中国共产党。1942年参加延安文艺座谈会，亲自聆听了毛泽东同志《在延安文艺座谈会上的讲话》，坚定了为人民群众服务的艺术道路。

1945年8月日本投降后，父亲离开工作生活了六年的延安，来到当时晋绥边区的政治文化中心——山西兴县，担任了晋绥边区文联美术部部长和《晋绥人民画报》主编。

多年后，父亲回想起《晋绥人民画报》的工作时，他感慨到这是他和同志们认真践行毛主席在延安文艺座谈会上的讲话，全身心地投入，创作出了真正受百姓喜爱的画报，父亲觉得这是一生中一件非常光荣的工作，一段难忘的经历。20世纪50年代父亲将自己当作珍宝一样保存了多年的《晋绥人民画报》捐赠给了山西省博物馆（山西博物院前身），他希望将这些为人民创作的艺术再次回馈于人民（图三）。

《晋绥人民画报》是1946年1月由李少言同志筹办起来的。后来由父亲、苏光、牛文三人把画报的工作担当起来，父亲担任主编。

《晋绥人民画报》是一种用油光纸石印的单张画刊，面积为四开新闻纸大小。为什么要出单张呢？因为单张便于在农村张贴，便于农民购买、阅读。农民没有订报的能力和习惯，上期得到了，下期可能看不到，所以不能连载，必须每期独自成章。

图三　力群先生捐赠的《晋绥人民画报》第一期

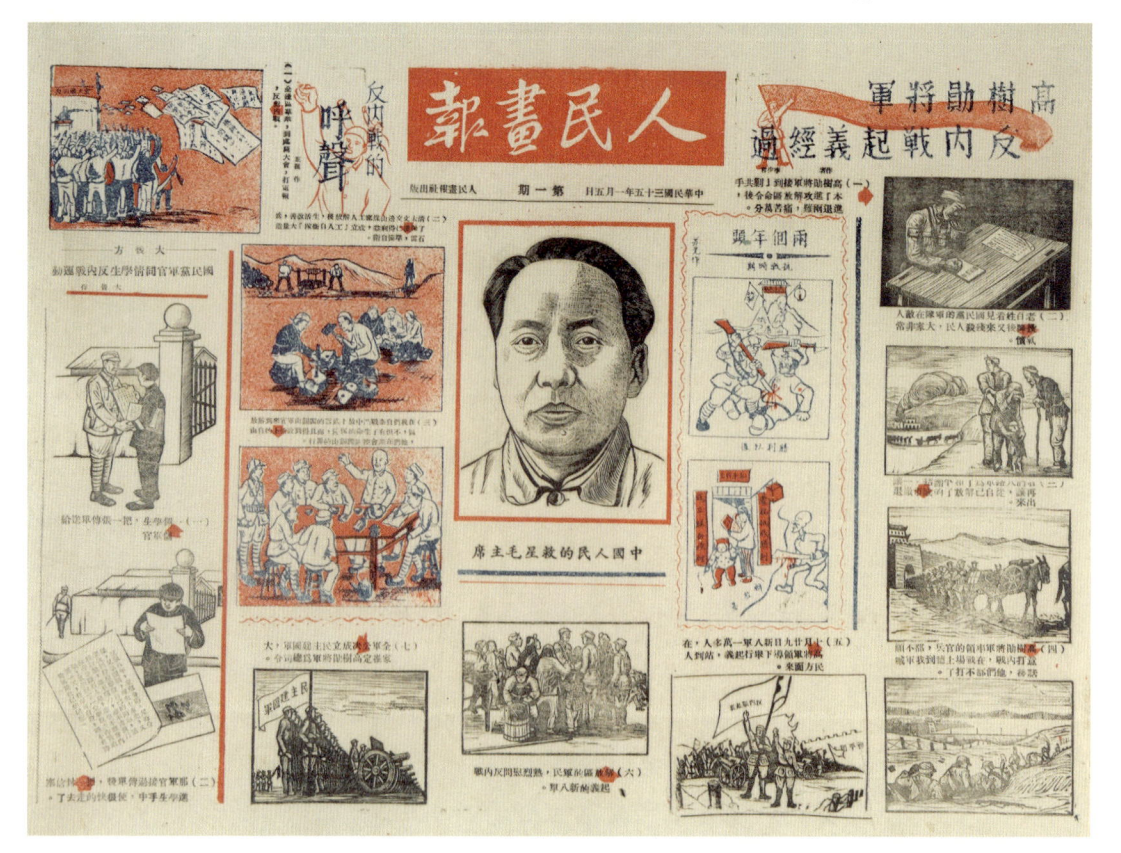

画报最初基本上是红黑两色,为了提高画报质量,他们三人经常和石印工人在一起,共同劳动、共同研究,终于研究出采用网点套印色彩的方法,使两色变成三色,色彩就更丰富了(图四、图五)。

画报的内容以连环画为主,因为连环画能说明事物发展的过程,它是宣传党的政策,通过故事来教育群众的最好的美术形式。

当时《晋绥人民画报》是要给农民看的,所以画报的语言需要更加鲜活和大众化,到后期连环画的文字也一概不用散文,而用简短的歌谣体和"快板"代替。他们的排版简单明了,深受群众的欢迎。起初每月出版两期,每月开印三千份,后来画报得到了农民的欢迎,停刊之前每期增加到四千份,父亲认为这是一个很有意义的工作。

图四　红黑两色《晋绥人民画报》

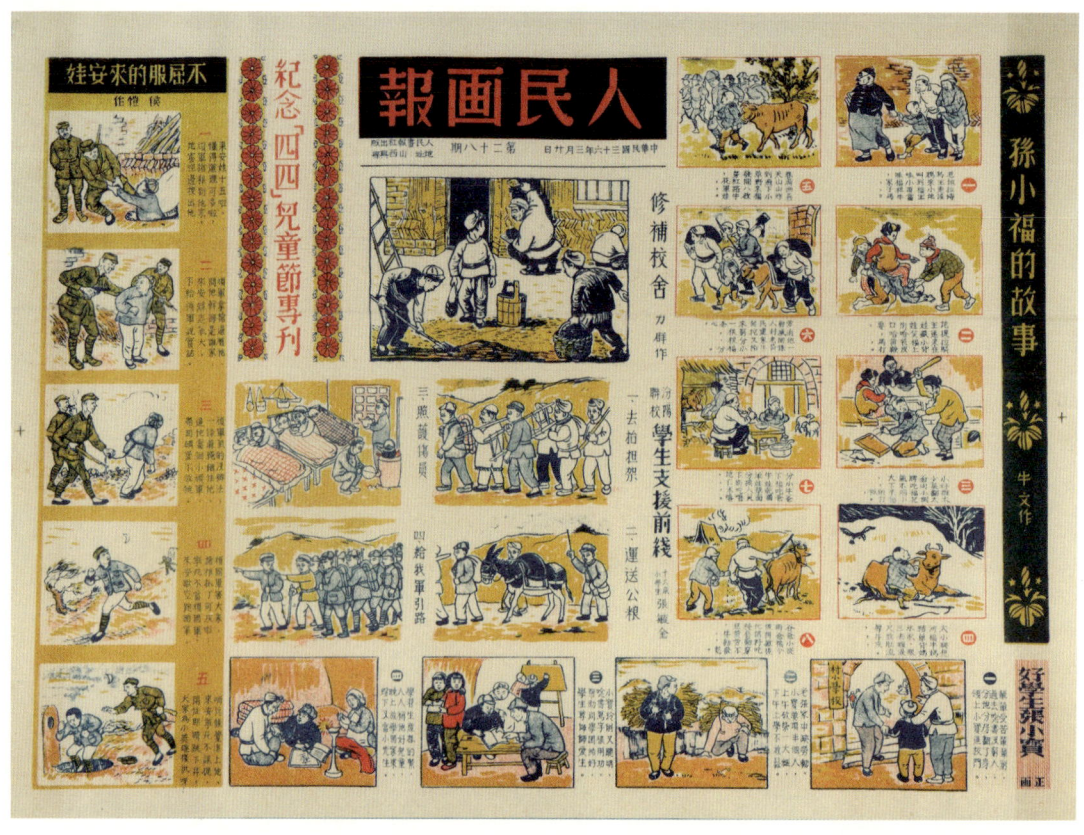

图五　三色《晋绥人民画报》

领导对于《晋绥人民画报》也是非常重视的，稿件画好后，要经过全体编委的审查和报社总编的审阅。有时一幅画要重新画过两三次。首先考虑图画的政治内容和政策思想，然后再涉及关于技巧的细节。对于画报，他们从排版、改稿、制版、修版、监工、出版，一手插到底。可见他们对于农民美术普及工作的重视。

因土改工作的需要，人员安排不过来，《晋绥人民画报》于1947年5月停办了。自1946年1月创刊到1947年5月停刊，共出版了32期画报（图六）。

虽然《晋绥人民画报》历时仅仅一年零四个月，但它发挥的作用和产生的影响是不可小觑的。当时《晋绥人民画报》出刊后，群众争相购买，当作年画；小学教员非常重视，当作公民课本；乡村干部十分欢迎，当成集体学习的文件；同时，也

图六 《晋绥人民画报》
第三十二期

深受战士们欢迎，说看不到它就好像少吃一顿饭……这一切都说明了《晋绥人民画报》办得好，办得成功。是父亲和他的同志们给了人民一个交代，是他们在短短的一年多的时间里走出了辉煌。这也让我们真正了解了父亲捐赠这些文物的意义和价值。

1949年7月，父亲作为西北代表团成员，参加了在北平召开的中华全国文学艺术工作者代表大会（全国第一次文代会），并被选为主席团成员及中华全国文学艺术界联合会委员，接着又参加了中华全国美术工作者协会成立大会，被选为该协会常务理事，并与高沐鸿同志共同筹建山西省文学艺术界联合会。1949年12月山西省文学艺术界联合会首届代表大会召开，父亲当选文联副主席和山西省美术家协会主席。从1949年到1966年的17年间，父亲先后担任过山西省艺术学校校长，《山西画报》主编，北京人民美术出版社副总编辑，中国美术家协会党组成员、书记处书记,《美术》杂志副主编,《版画》杂志主编等。

1977年后,父亲多次应邀到全国各地讲学、参会、举办培训班、担任评委,在这期间,创作了《长江风景》、《清泉》、《林间》、《天山之下》、《北国早春》、《桂林风景》等一大批版画和国画作品,这个时期是父亲又一个创作的高峰期。

《林间》是父亲1980年的作品,1978年晚秋,他从新疆归来途经麦积山时,看到落光了叶子的大树上,几只松鼠来回跳跃,跑来跑去,一时心旷神怡,灵感顿生,想用画笔把这些画面永恒地保留下来(图七)。这种小松鼠在家乡称为"毛圪狸",是他自幼就喜爱的小动物,一直到老,"毛圪狸"都是他的最爱。1980年3月,山西省美术家协会为纪念左翼文化运动50周年,在太原工人文化宫举办"力群版画展览"时,《林间》最受欢迎;同年4月在黄山举行的中国版画家协会成立大会期间,人们看到展览中的《林间》时,不禁感叹道"力群不老"。1983年,《林间》被法国国立图书馆收藏,之后在坦桑尼亚、加纳等六国展示。

《清泉》也是成画于1980年,这是一幅别具中国风格的木刻,该画于1981年参加由法中友好协会在格勒诺波尔市文化中心举行的"新兴版画50周年展览",该展览张贴的海报,选用了父亲创作的《清泉》,与展览同时出版的画册,其封面也以4/5

图七 版画《林间》
(1980年创作)(左)

图八 版画《清泉》
(1980年创作)(右)

图九　版画《北国早春》（1981年创作）

的版面选用了《清泉》。可见《清泉》的独特风格，备受人们喜爱（图八）。

《北国早春》创作于1981年，也是父亲的代表作之一。该画于1982年参加法国巴黎的春季沙龙画展。该画是根据他在黑龙江呼玛河边的沼泽地画的一张速写加工提炼而成的（图九）。

1983年起，他的笔下又出现了不少新颖的中国花鸟画。父亲的创作中，大部分表现的是大自然中的风景和各种小动物。他热爱大自然，热爱生活，喜欢观察小动物的一举一动，并研究掌握它们的生活规律和习性；他还非常喜欢花草树木，从他的许多作品中，不难看出他对大自然的眷恋。父亲在版画创作时，经常倾听别人的意见，一丝不苟。不管是谁，只要提得对，就一定会修改，直至自己满意为止。记得当时在创作80年代的代表作《林间》初稿时，他就征求过妹妹的意见，对画作中的小松鼠进行了反复修改。

父亲的作品先后在祖国大陆和港台展览，还以陈列、选载、收藏、收购等形式展示到英、法、美、日、俄、丹麦、南斯拉夫、新加坡、澳大利亚等几十个国家和地区。同时，他的美术论文集《梅花香自苦寒来》，文学作品《我的乐园》《马兰花》、《野姑娘的故事》、《我的艺术生涯》、《力群版画选集》等著作也相继出版，其中《我的乐园》还分别在上海、山西等地获奖。

父亲有着强烈的责任感和使命感，为人坦诚正直、率真敢言、胸怀坦荡、有偏必究、修养深厚。印象中父亲在美协工作期间的作品多是利用业余时间创作的，他的星期天总是在画画与创作的忙碌中（图一〇）。退休后，也是把时间抓得很紧，不是在创作、看画、看书，就是在院子里摆弄他的树和花花草草。

同时父亲也非常热爱体育运动，尽可能给我们提供各项文体活动的条件，在北京时，夏天他常带我们到颐和园的昆明湖中游泳，冬天让我们到北海公园的冰场去滑冰。小时候家里总

图一〇 力群先生进行版画创作

是非常热闹,我们家有兄妹八人,是个大家庭。著名画家黄永玉先生曾说道:"任何人面对这一对开朗的夫妻时,无不融化在蜂房似的快乐大家庭中……孩子们继承了父母的赤诚……幸好世上有不少像这样的人家,给人以信任和坦诚的温暖。"父母之间的和睦相处,使我们的家庭充满了阳光与欢笑(图一一、图一二)。

我父亲受到了山西省委、省政府授予的"人民艺术家"光荣称号,在父亲近80年的艺术道路中,他始终秉承着自延安文

图一一 1979年力群先生与儿女合影(右起:郝田、郝明、郝兰、郝红、力群、郝黎、郝霞、郝相、郝强)

图一二 20世纪30年代力群夫妇合影

艺座谈会所确立的"艺术为人民服务"的原则,并一生为之努力奋斗(图一三)。在创作中,不断追求和完善自己鲜明而又独特的艺术风格,他的作品无论是版画还是国画,都有一种纯朴、明快、加之厚重而有力度之感,如著名作家艾青先生所说:"力群的版画富有浓郁的装饰味和抒情诗一样的情感。"父亲将他的一生都奉献给了中国的美术事业,我为有这样一位深受人民爱戴的艺术家父亲而感到骄傲!

图一三 力群先生98岁时在北京昌平家门前留影

讲述人介绍

郝　兰

郝兰，女，1951年出生，力群之女。山西省美术家协会会员，山西省油画协会会员。毕业于山西大学美术学院，曾在清华大学美术学院、中央美术学院等高等院校进修。1994年至2001年在山西省轻工业学校任教，2001年至2011年在太原理工大学建筑与土木工程学院任教。

捐赠人介绍

力 群

力群（1912～2012），原名郝丽春，山西灵石人。著名版画家、作家、文艺理论家。1945年任晋绥文联美术部长和《晋绥人民画报》主编。新中国成立后曾任中国文联委员，中国美协党组成员、书记处书记、常务理事，人民美术出版社副总编辑，《美术》杂志副主编，《版画》杂志主编，中国版画家协会名誉主席，山西省美协名誉主席。1992年，山西省委、省政府授予他"人民艺术家"称号。

父亲郑林捐赠文物的故事

郑江豹

博物馆，连接历史和未来。这里的每一件藏品，不仅记录着过往和足迹，也渗透着千丝万缕的情感，值得一代又一代人深情缅怀。

本期的主人公是一位信念坚定的爱国者，也是一位心怀大爱的书法家。让我们跟随郑江豹先生的追忆，一起走进他的父亲郑林的故事。

山西博物院的工作人员到家走访，我才得知这张"爱友会"的照片是父亲郑林在20世纪60年代初捐赠给了山西省博物馆（山西博物院前身），父亲当时是在什么机缘下捐赠的这张照片我不太清楚。记得是在20世纪的80年代我大学毕业以后曾经到山西省博物馆（文庙）参观山西革命历史展览时见到了这张被放大的1933年"爱友会"的照片，看到了当年风华正茂的父亲。

"爱友会"照片拍摄于1933年，是早期太原地下党领导下的进步青年革命活动的真实写照和历史缩影，照片保存至今，非常珍贵（图一）。我的父亲是这张照片的亲历者和保存者。

父亲郑林出生于1908年，1987年病故，原名赵汝森，字林泉，是一位20世纪30年代初参加革命的老同志，新中国成立后曾历任中共山西省委书记处书记兼常务副省长、山西省政协主席等职。

父亲生于河东耕读之家，他的祖父是他和原华北局第一书记李雪峰幼年时的启蒙老师，他的父亲是一位私塾教员。在这种家庭环境熏陶下，他从小酷爱书法，喜欢传统文化。同时，

图一 郑林捐赠"太原地下党外围爱友会"照片(后排左起第二位为郑林同志,1933年)

父亲又是一名坚定的革命者和共产主义战士,早在20世纪30年代初在山西大学法学院上学时,就接受了马列主义,经同乡李雪峰介绍秘密加入了中国共产党,1934年担任中国互济会山西分会书记、中国民族武装自卫会山西分会书记(图二)。九一八事变后,日本帝国主义继续向华北步步紧逼,国民党政府却实行"攘外必先安内"的政策,大肆围剿共产党员,迫害进步人士,引起全国人民强烈不满,工人罢工,学生不断举行游行示

图二 1962年郑林和李雪峰同志在晋南视察时同地委同志们合影(一排左起第四位为郑林、第五位为李雪峰)

威，要求当局抗日救亡。在这种动荡复杂的形势下，我的父亲郑林在山西大学法学院校外秘密发起组织成立了"爱友会"，并在学院内利用基督教青年会的掩护成立"爱友社"，目的是向进步同学传播马列主义，为年轻的学生以后参加革命打下了基础。

"读书会"是每个星期聚会学习一次，据我父亲回忆，读的书是侯外卢译《资本论》、《政治经济学批判》、《反杜林论》等，后来又进一步阅读了《共产党宣言》等，还请当时山西地下党组织领导人李雪峰同志为大家讲课。经过一年多的时间，父亲领导下的"读书会"和"爱友社"里的同学们政治思想都有了很大的进步，逐步接受了共产主义思想，他们也要求希望能参加革命实践（图三）。

在这期间父亲介绍了安志藩、温宇枫、任志远、亢庚仙、张芳等参加了党的外围组织——山西革命互济会。安志藩同志在后来写的《深切怀念郑林同志》文章中，着重提到他们能参加革命是郑林同志帮助教育的结果，父亲是他们参加革命的引路人。

图一的照片是1933年在父亲领导下的"爱友会"掩护下"读书会"的全体人员的合影，地址是在山西大学法学院内女青年网球场。照片上的这些年轻人大多是当时山西大学法学院的

图三　郑林捐赠《毛主席三大名著》（1943年）

进步青年，他们以后都纷纷地走上革命道路，为抗日和新中国的建立做出了贡献。中华人民共和国成立后，安志藩同志担任山西省政协副主席兼中共山西省委统战部部长，温宇枫担任山西省政协副秘书长，任志远担任辽宁省政府副省长，田际康担任山西省政协委员，还有些同学在战争年代不幸牺牲了。

1935年父亲由于叛徒的出卖，被阎锡山国民党当局判刑入狱8年，关押在太原陆军监狱，"读书会"和"爱友社"也被迫停顿。

20世纪30年代初父亲领导的"爱友会"是个团结、培养进步青年的组织，在中共地下党的领导下，起到了传播知识、传播文化、传播革命思想、传播马列主义的作用（图四），成员大多走向了革命道路，新中国成立后被认定为我党的外围组织。

我的父亲不仅是一位坚定的革命者，还是一位书法家，同时也是现代山西书法组织的创始人。1959年在他的倡导下成立了山西书法篆刻筹备组；1962年发起成立山西书法研究会，1979年在他主持下成立了山西书法篆刻研究会，被推选为山西省书法篆刻研究会理事长；1981年中国书法家协会山西分会成立，他被大会代表一致推选为山西省书法家协会第一届主席。

图四 郑林捐赠《追悼革命烈士——纪念"七七"七周年印发》（1944年）

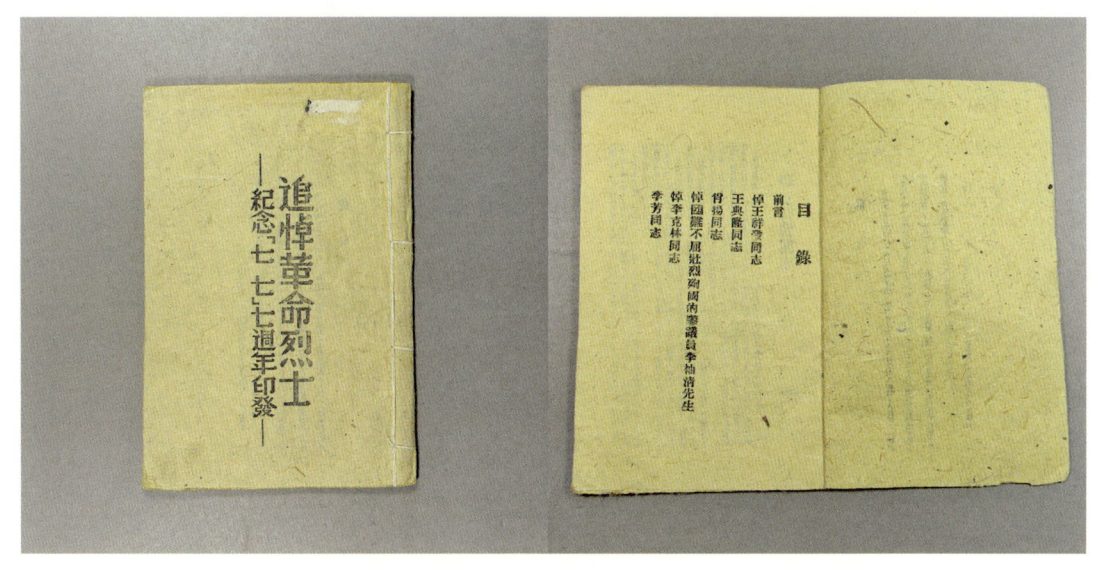

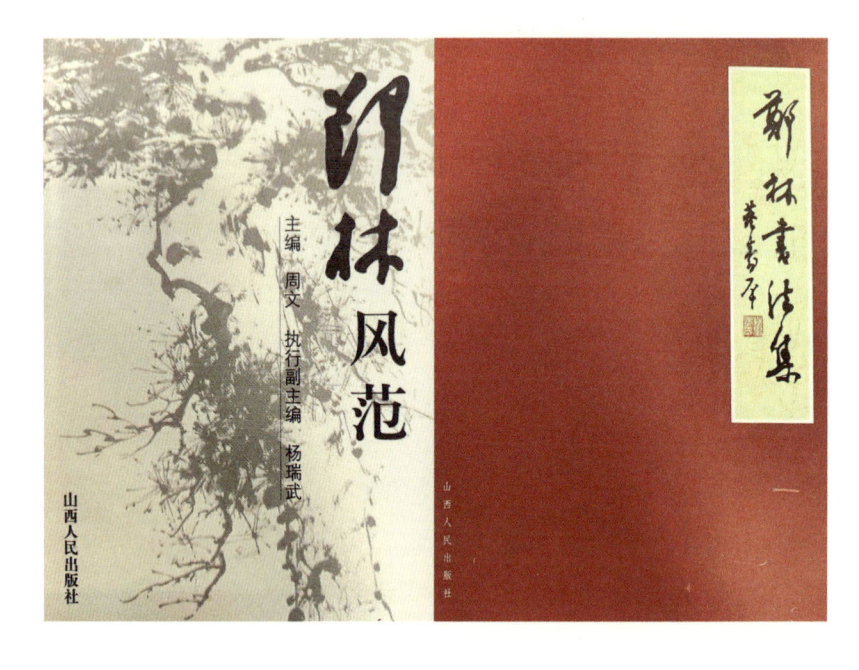

图五　山西人民出版社出版《郑林风范》和《郑林书法集》

图六　郑林1975年书毛泽东诗《七律·长征》（山西省永乐宫壁画保护研究院藏）

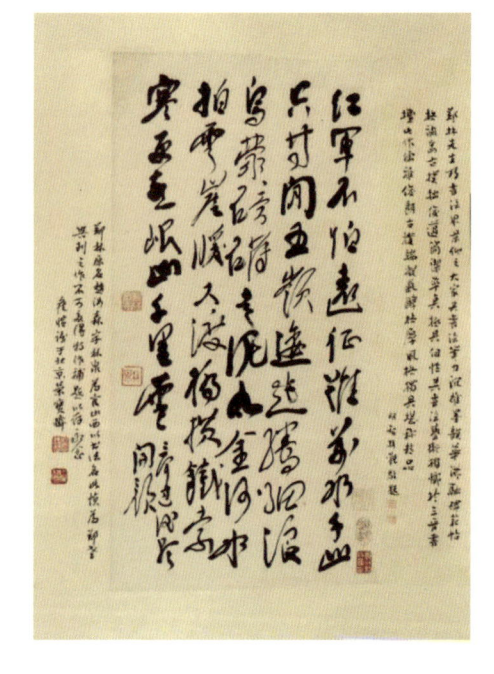

1987年父亲去世，山西人民出版社先后出版发行了《郑林风范》和《郑林书法集》（图五）。

　　他的书法作品曾得到刘少奇、董必武、陈毅、郭沫若等同志和董寿平先生的赞赏和推崇（图六～图八）。1983年书画大师董寿平在纪念"郑林书法50周年座谈会"上发贺电称："郑林同志的书法天生浑朴，粗服乱头之中，又是那么雍容大方，刚劲活泼。他的功夫全在法度之外，内在的修养高于临池的雕琢，惟其高尚的道德情操和人格才会有他的奇玮宏大的风格，有其人而后有其书，可谓传世之作。吾晋傅山之后，惟郑林同志足当大家……"（图九）

　　1997年的国庆前夕，太原迎泽公园北门重新恢复了我父亲郑林1957年书写的"迎泽公园"匾额，这是新中国成立以来当代书法界为太原市保存最早的匾额之一（图一〇）。1957年，我只有4岁，一直不太清楚父亲书写"迎泽公园"匾

父亲郑林捐赠文物的故事 | 127

图七　郑林1965年书写毛泽东诗《七律·人民解放军占领南京》（左）

图八　郑林1965年书写毛泽东词《菩萨蛮·黄鹤楼》（右）

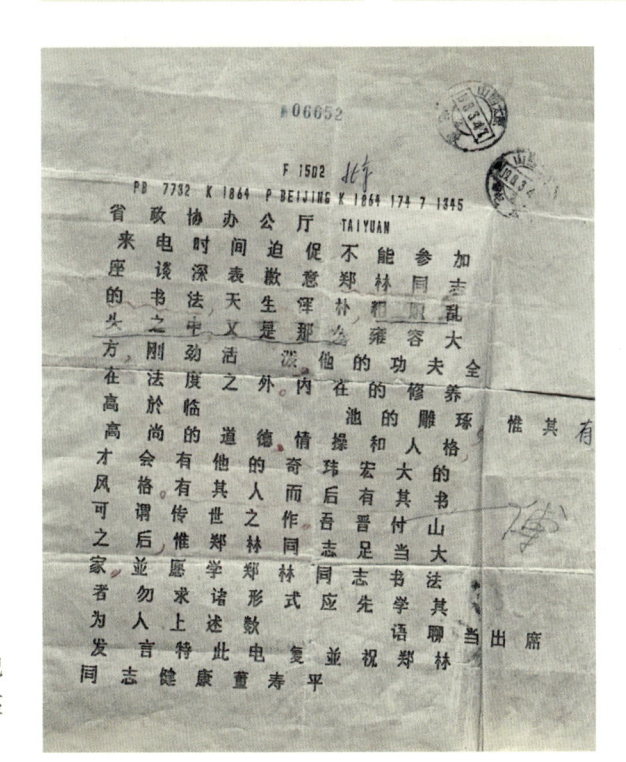

图九　董寿平先生在纪念"郑林书法50周年座谈会"上所发贺电

额的过程，到后来听一些老同志们说，"迎泽公园"四个字是当时的太原市市长岳维藩同志邀请他写的。父亲在二十世纪的五六十年代对迎泽公园的建设发展一直很是关心。经过一代代太原人的奋力建设，如今的迎泽公园已从新中国成立初期的一片荒凉、污泥不堪，变成了绿树成荫、湖水荡漾、古建巍峨、满园锦绣的新面貌，它就像一颗璀璨的绿色明珠镶嵌在太原城市的中央，以清新秀美、绚丽多彩的风姿让八方宾客流连忘返……

图一〇　1997年新建的迎泽公园北门

1962年他为"迎泽公园"书法题诗："当年污泥今何在？变得风光如画图；一镜平湖映绿树，几叶扁舟觅红芙；信步长廊歌跃进，欲攀高阁望京都；俯瞰八方阔无际，万千景象惊全殊。"（图一一）同时他还应邀为公园藏经楼书写了毛泽东诗词集句楹联，"江山如此多娇，风景这边独好"（图一二）。

家父历来对传统文化极为重视，现藏山西博物院的傅山草

图一一　郑江豹先生展示其父亲郑林同志1962年为迎泽公园书法题诗（此幅作品现已捐赠给山西博物院）

图一二　1962年郑林为迎泽公园藏经楼书楹联"江山如此多娇　风景这边独好"

书《寿王锡予四十韵》十二条屏是傅山存世书法的代表作。此作是20世纪60年代初李宗仁先生从美国回国前先期捐献了一批字画，这批字画由美抵达香港，再由香港转回内地，其中就有傅山书《寿王锡予四十韵》十二条屏，作品回归祖国后，当时的一位国家领导人给我父亲打电话，要将此作划拨给山西省博物馆，父亲派人专程从北京取回，经父亲亲自审核后交付了山西省博物馆（山西博物院前身）收藏（图一三）。

原中共山西省委第一书记王谦同志在1999年怀念郑林同志文章中提到了我的父亲：二十世纪五六十年代郑林同志从雁北寺庙带回共数十幅明代道场画在省委常委会上展示后即交给了山西省博物馆收藏，充分表明老一辈革命家不图私利的高尚情操。

2019年我赴芮城永乐宫参观，第一次看到了父亲1963年题的"永乐宫"匾额（图一四），这块匾经过了56年的风风雨雨依然保存完好使我倍感亲切，在参观期间山西省永乐宫壁画保护研究院的席九龙院长请运城市侨联主席李红光同志向我转达提出："永乐宫"牌匾是郑老1963年所题，馆内遗憾没有郑老的书法，能不能让永乐宫壁画保护研究院永久收藏郑林同志的墨迹。我说"完全可以"。

图一三 傅山《寿王锡予四十韵》十二条屏

图一四　郑林同志1963年为永乐宫书写的匾额

2021年8月11日我和兄妹们专程来到芮城向永乐宫壁画保护研究院捐赠了父亲1975年书写的录毛泽东诗《七律·长征》书法作品，传承了家父郑林对永乐宫的崇敬、爱戴和景仰（图一五、图一六）。

特别感谢山西博物院工作人员来家里采访，让我回忆起了家父郑林生前的点点滴滴（图一七、图一八），今天父亲已经离开我们36年，特写此文缅怀我敬爱的父亲！

图一五　郑林书法作品捐赠仪式

图一六　山西省永乐宫壁画保护研究院为郑江豹先生颁发的收藏证书

图一七 1961年夏郑林夫妇和子女在家中院内合影

图一八 1980年郑江豹先生与父母在梅山会议厅前合影

讲述人介绍

郑江豹

郑江豹，1953年8月出生，中共党员。1970年在铁道部永济电机厂参加工作；1975年调山西省测绘局；1976~1980年就读于上海化工学院；1981~2013年就职于山西省人民政府办公厅。郑江豹先生是董寿平书画鉴赏名家，担任董寿平书画艺术研究会副会长、顾问；傅山书画院顾问；山西省收藏家协会书画鉴定委员会副主任等。

捐赠人介绍

郑 林

郑林（1908～1987），原名赵汝森，字林泉，生于山西省永济县任阳村。著名书法家、现代山西书法组织的创始人。曾任全国政协委员、中共山西省委书记处书记、山西省常务副省长、山西省政协主席。1959年主持建立了山西省书法篆刻研究筹备组，1962年发起成立山西书法研究会，1979年主持成立了山西省书法篆刻研究会，被推选为山西省书法篆刻研究会理事长。1981年中国书法家协会山西分会成立，当选山西省书法家协会第一届主席、第二届名誉主席。出版有《郑林风范》、《郑林书法集》等。

父亲的艺术人生

闫晓荣

阎丽川,山西太原人。生逢苦难深重的旧中国,他于颠沛流离中以纸笔相抗争。三尺讲台,是新中国赋予他的舞台。在这片天地里,他笔耕不辍,奠定了中国美术史教育的根基。他在书画艺术的世界里自由驰骋,硕果累累,又于耄耋之年,将自己的艺术创作慷慨捐赠家乡。本期我们邀请到了阎丽川先生的女儿闫晓荣和我们一起回忆先生的艺术人生,共同缅怀这位穿越风雨依然灵魂高洁的老人。

我的父亲阎丽川,于1910年9月10日出生在山西太原,9月10日这一天与教师节巧合,好像命中注定他会当一辈子教师。果真,从25岁起从事艺术教育工作,六十年教书育人,传授中国艺术文化,为国家培养出许多优秀人才,他无论在教育事业上,还是在美术史论、美学、诗文书画诸方面,均有一定建树,是一位优秀的学者。

父亲的长辈们都注重学问,喜读诗书,能写一手好字。受家庭熏陶,他自幼学习勤奋,在文学、书法方面,打下坚实基础。上学后又喜欢上新文艺书刊,十五岁以优异成绩免试保送太原师范学校,十八岁选学了艺术科,从此与艺术结缘。高中还未毕业就提前考进"杭州国立艺专",次年帮助引荐了同乡力群、赵子岳到该校读书。九一八事变后,全国掀起轰轰烈烈的抗日救亡运动,父亲与同学赴南京参加请愿抗日,并接受军训。1932年提前转入上海"新华艺专"西画系,师从黄宾虹、林风眠、潘天寿等,直至完成学业。与进步学生组织"木铃木刻社"、"一八艺社"关系密切,并开始阅读一些公开的或秘密的马列主义书籍,有同学被捕入狱,他则冒着白色恐怖危险探监送衣物,当有同学经济困难他会伸手相助。毕业后在上海待业,代过课、画过广告,首次在《艺风》杂志上发表《超现实主义画展》的评论文章,参加东南交通周览会的写生活动,积累了百余幅画稿(图一、图二)。

1935年10月返回太原,约请沪、杭校友及太原画家举办《海风》画展;在太原中学任美术课教师,和一位朋友合办"北华书店"。他想为家乡的文化建设出些力,但时局不稳,前途难料。

1937年七七事变后,抗日战争爆发,太原即将失守,他携眷南下到了西安,开始了颠沛流离的生活。作画的努力难以继续,而写作派上了用场,一支笔、几张纸,就可以写文章。暂居西安时居住条件差,难民还在不断涌入,何去何从令人担忧,在这种艰苦条件下,他仍不忘努力写作,想使笔底有所成就。应成都友人之约写过《西战场》的通讯报道。在《秦风报》、《新民报》上发表过《从太原到西安》、《漫画观感》(上下篇)、《从年货谈起》及抗日宣传画的文章,阅读了《高尔基论文选》后,写了《关于动员妇女参加战时工作的先决条件》。父亲一生注重点滴资料的积累,从生活中提取素材,不是靠脑子空想。

1938年3月西安局势吃紧,父母带着出生40天的婴儿参加流亡教师宣教团,徒步翻山越岭,盘绕行走在秦岭渭水间,敌机轰炸,道路泥泞,经过一个月的艰苦跋涉到达天水。一路写下途中纪实。组建天水国立五中后年终转道成都。

在成都定居十年,相继在成都女子职业学校天府中学、成都女子师范任教,教过语文、美术、书法、音乐等,旧社会民不聊生,生活处于贫困中,与家人、朋

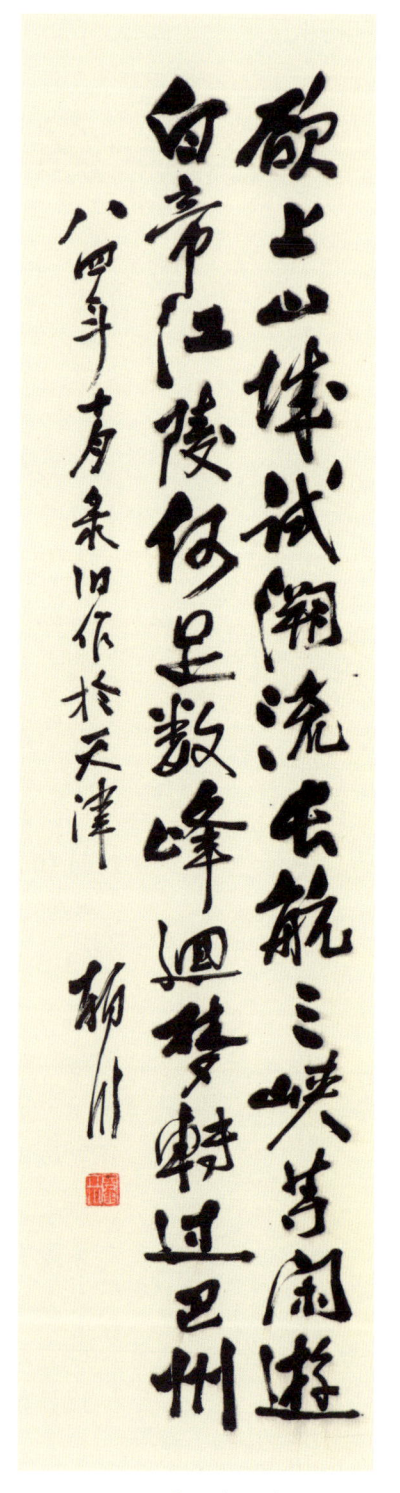

图一 阎丽川先生书法作品

图二 阎丽川先生国画作品

友失去联系，没有机会参加社会活动。只能埋头书画，1946年底在成都举办个人书画展，游青城、峨眉写生，学新、旧诗词，在报刊上发表一些美术评论和散文。

1949年终，成都和平解放，他参加了成都女师的接收工作，并在女师任教务长兼教语文，初次阅读毛主席《在延安文艺座谈会上的讲话》，并接触到解放区的艺术，深感艺术有了广阔新天地，接着参加了土改运动，被选为人民代表，出席了成都市第一届人民代表大会。

1952年冬天，父母带着四个孩子返回太原，父亲先在山西艺术学校任教，后调入山西大学中文系，母亲则带着弟弟入驻九一小学教课，我和哥哥在成成中学读书，十岁的大弟突发疾病死在北京的医院，应医生的请求父亲捐出了儿子遗体，供医学研究。

1954年，受天津河北师范学院美术系聘请，独自前往天津，担任美术史论教学工作，开始了事业有成的忙碌生活。新中国成立初期百废待兴，美术史论的参考书和资料十分匮乏，为写好中国美术史教材，他除了在天津搜寻素材还到北京图书馆查资料，到故宫博物院观看收藏的古代书画、文物。他买了故宫月票，每周往返京津几次。他整日流连在美术和文物间，对数以万计的美术作品和文物，逐一做过考察和品评。他还对各地艺术博物馆、文物古迹、民间艺术亲自做过考察，他自费订阅了《文物》和报纸，以便及时了解新信息。1955年2月写出讲义稿，1956年定稿并刻印成册，交付出版社后，又开始编写《艺术概论》。结合教学，写了大量有分量的美术史论文章，在报纸刊物上发表。1957年3月儿子去世四周年时他写了一篇三千多字的悼文《哭宁儿》，释放了多年压抑心中的悲痛和孤独劳累。

1958年8月，专著《中国美术史略》由北京人民美术出版社出版（图三、图四）。该书因内容丰富、史料可靠，受到美术界关注和好评。之后，被全国多所美术院校选为教科书。一度被列为全国高等美术院校晋升考核和研究生考试的必读参考书。该年《艺术概论》也定稿。此外，他在多个协会任职，为美展写评介，在校内外参加各种形式的理论讲座和辅导，工作日益繁忙。为了提高充实自己，他抓紧时间学习有关美学、画论、文史哲，时间安排得满满当当。他像一只破茧而出的蝶，有了自由飞翔的空间，沉淀多年的艺术才华得到施展。五十岁时，还光荣地成为了一名共产党员。

"美学"也是他关心研究的内容。作为美术通史专家，他想

图三 《中国美术史略》1956年定稿并印制成册

图四 《中国美术史略》1958年精装版

建立并发展我国新的美学理论。随着国内美学研究的开展,开始系统研究美学。他搜集了中外美学史资料,编写了《美学讲座提纲》并在天津师范学院开"美学"专题讲座。1965年,完成十多万字的《美学思想史》初稿,"中国部分"印制成册,准备在发表征求意见后编写成《中国美学史略》,成为《中国美术史略》的姐妹篇。他还编写了古今中外《美术常识提纲》,计划再接再厉写书。

六十年代除了教学他还担任过绘画系主任、教务处处长等职务。写教学计划、做教学总结,为教学改革,下乡办学投入过许多精力。

1966年至1976年,处于"文化大革命"动乱时期,他被关进"牛棚"达五年,研究、写作被迫中断,多年收集的资料、手稿、字画、书籍几乎全丢失,解除关押后,他又继续奋力工作。

1976年,打倒了"四人帮"。同事帮他找回美学文稿。他将这些断简残篇,重新整理成《中国美学思想初探》。他说:与其说初探,不如说只提出了些课题。文章在刊物上登载后,反响很大。在他的参与下,创建了天津美学会,当上了副会长,并任美学专刊《时代·艺术·美》的编委。作为艺术教育家他主张:"美育"和德智体共同发展,通过"美育"教育,培养有高尚情趣的共产主义新人。1977年,他又主持编著了《中国古代绘画百图》(图五),这本书由人民美术出版社出版,当时所署的编著者是"天津艺术学院理论教研组"。接着他又锲而不舍地编著了续篇《中国近代美术百图》,于1981年3月由天津人民美术出版社出版。《文物史话》是1984年4月由山西人民出版社出版,前言为力群所写。他说:这些都是作为学习中国美术史的辅助读物。

1980年12月,《中国美术史略》修订

图五　阎丽川先生作品

本再版由北京人民美术出版社出版，虽沿用了旧的书名，内容经增订和修改，部分章节也作了改写和调整（图六）。

该书自二十年前出版后，他并未因此而停步，他继续将搜集来的新资料记录在书中。日积月累，书中空白处被密密麻麻的小字所遮盖，经过重新整理编写，内容比原书增加了三分之一，增加了近二十年新出土、新发现的重要资料，书后的图片也重新选编。

父亲勤于笔耕，已发表的美术史论文章达上百篇，其中许多篇章有较大的社会影响，如《论野怪乱黑兼艺术评论问题》带头纠正评论界的一些不正之风。又如《谈唐代绘画的时代精神》，登载在《中国画研究》创刊号，文章又被《中国文学》外文版译成英文，传播到国外。此文使唐代绘画研究提高了一个档次，因而1984年获天津市首届哲学社会科学优秀成果论文奖。再如《从传神到写意》，登载于《迎春花》1982年第一期，1983年3月人民大学资料室《造型艺术研究》转载。一些序跋、书画评论如《老鼠娶亲》、《溥佐画集》序言，写得通俗有趣，一般人都爱阅读（图七）。

父亲是我国最早确认的美术史硕士研究生导师之一。他除了培养中青年教师，还在年近八十岁时，又分别招收了两名研究

图六 《中国美术史略》（1980年修订版）

图七 阎丽川先生的随笔

生，应天津大学聘请，兼任硕士研究生美术史课程教师，为日本、英国、芬兰三名外国留学生讲中国古代书画艺术（图八）。

他前后四次外出考察，走遍了大半个中国的名山大川，掌握了丰富的艺术知识，对他的研究创作有很大帮助。因"文革"、唐山大地震及我母亲去世击垮了他，疾病缠身，身体渐衰。1979年又开始为期两个多月的考察。出发前他写诗："三十江湖四十山，五十六十强攻关，七十白头人病老，不胜秋雨和春寒。"途中靠自带的药也无法支撑，被紧急送进医院。一周后病稍缓，又继续前行（图九、图一〇）。

图八　阎丽川先生与外国留学生

图九　阎丽川先生在五台山佛光寺考察

图一〇　阎丽川先生的考察笔记手稿

　　1985年,《阎丽川研究》由《天津美院学报》出版。之后,《阎丽川美术论文集》《阎丽川诗词选》在20世纪90年代分别由吉林及天津的美术出版社出版。

　　父亲的艺术成就中,诗书画是不可缺少的部分。他从小熟读《唐诗三百首》,对古典文学有广泛的涉猎。他的诗词形式多样、不拘一格,大多是有感而发,随口吟出的。他说诗词是最好的抒情文学。他送我的手卷《意摹庐山谣》是一首古体长诗,是他早年旅游览胜的艺术小结。他的诗词有为题画、题词、纪念、悼念而写的,他的诗词被写进《古今题画诗赏析》一书,被称为"诗人画家"。研究他的同事帮他将残存下来的部分诗词结集出版,并说这些诗写得有感情、有文采。

　　"画"是他学过多年的专业,有深厚的基础。教学之余"忙里偷闲"作画,以促进史论研究。放下文笔,重拾画笔,坚持书画十多年,不断探索创新,作品经常参加国内外大型美展、联展,画刊登在多种画集、报刊,也被选印在高档挂历中。他曾先后在各地举办过四次个人书画展,有的书画被单位和个人收藏。

　　"书法"源于家学和勤学苦练,他的字豪放流畅,平日求字画的人及四面八方索取字画的信函使他应接不暇,他写的字被刻在地震纪念碑和多地著名景区,也收藏在著名的纪念堂馆(图一一、图一二)。

图一一 阎丽川先生书法创作现场

图一二 1989年阎丽川先生济南书画展留影

父亲集美术家、美学家、书画家一身。国内外多种权威性名人典册都有他的传记或简介，如美国版的《世界名人录》、英国剑桥大学的《国际杰出人物大典》等。因他的艺术成就，享受国务院政府特殊津贴，获天津科技专家奖金。

1991年，为给家乡人民留些纪念，他将百幅自己的书画，捐赠给了山西省博物馆（山西博物院前身）（图一三）。

1997年，父亲去世后，《阎丽川书画集》经曲折变动，后来在八十多位书画家的推动下，由天津人民美术出版社出版。

父亲从不贪图享受，不为利惑，在艺术上不盲从。他做事有

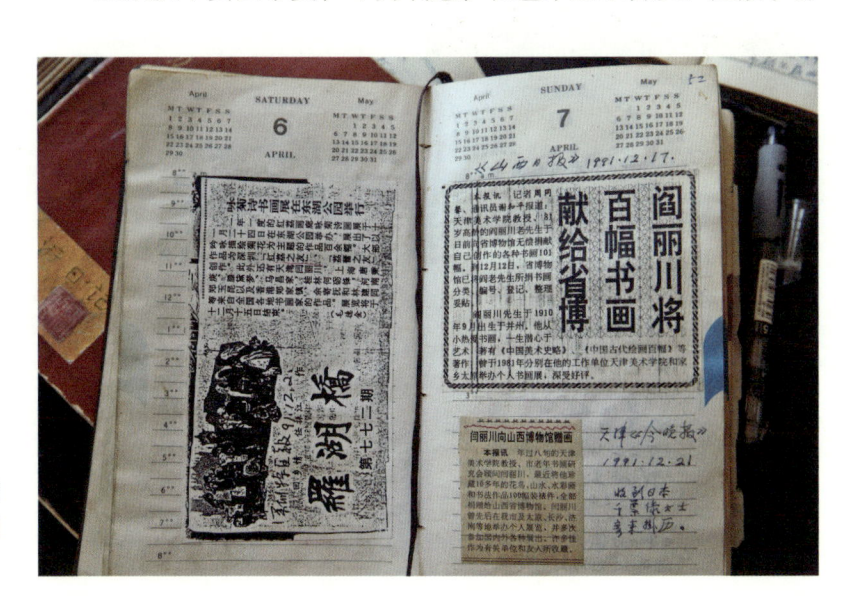

图一三 阎丽川先生向山西省博物馆捐赠书画的剪报

计划、有目标、有准备。他一生勤奋努力,从未停止笔墨耕耘。他博览群书,知识渊博;他紧跟时代,对党忠诚;他生活简朴,严己宽人;他"心正笔正",被尊称为"阎老"(图一四)。

1997年1月20日,父亲逝世,享年八十六岁。在追悼会上,美院师生称他为"史论宗祖"、"一代高师"及"书画名家"。天津美院为他举办了隆重的追悼会,参加的有千余人。《美术》、《美术观察》、《天津日报》、《今晚报》以及上海、北京、山西、天津等各地媒体对父亲的故去及生平成就均有报导。

图一四　阎丽川先生晚年留影

2010年,父亲诞辰百年时,天津美术学院和山西博物院联合举办了"纪念阎丽川先生诞辰一百周年——阎丽川艺术展"(图一五)。展后,举办了研讨会,参会的人缅怀了他在美术史论中做出的杰出贡献和一身正气、两袖清风的人品。

父亲的人品和事业上取得的成就,在我心中留下深刻印象。他是我敬重、学习的榜样。我和弟弟及全家人,永远怀念他。

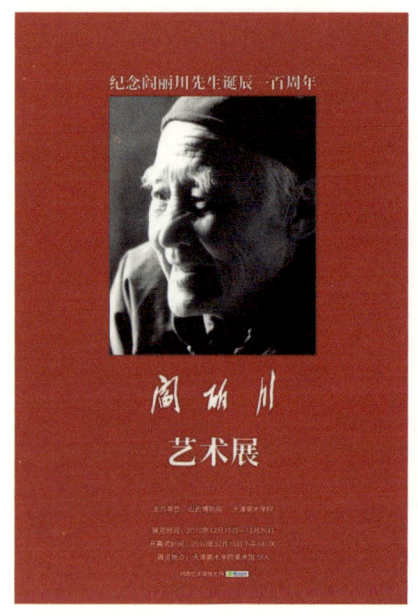

图一五　"纪念阎丽川先生诞辰一百周年——阎丽川艺术展"海报

阎丽川先生捐赠书画作品赏析

阎丽川先生捐赠作品

讲述人介绍

闫晓荣

闫晓荣,原名阎晓蓉,女,汉族,出生于1941年4月。阎丽川先生之女,退休前就职于北京农林科学研究院。

捐赠人介绍

阎丽川

阎丽川（1910~1997），汉族，山西太原人。曾任中国美术史学会理事，天津美术家协会理事，天津书法家协会名誉理事，天津市老年书画研究会理事，太原市老年书画研究会顾问。20世纪20年代毕业于师范学校艺术科，30年代初考入国立杭州艺术专科学校，两年后转入上海新华艺术专科学校西画系。1934年毕业后先后在上海太原中学及成都等地的中等师范职业学校任美术教师，1952年回太原山西艺术学校，后转山西大学，1954年调任天津美术学院教授美术史论课。著有《中国美术史略》、《文物史话》等，另有美术论文在《美术》、《中国画研究》等刊物上发表。兼攻书画，擅山水、花卉、工行草。1981年在天津、太原等地举办个人书画展览。

父亲赵梅生的赤子情怀

赵紫峰

> 他，傲视童年苦难，生命呈现迎寒怒放之姿；
> 他，一生坚守讲台，笑看桃李芬芳硕果累累；
> 他，始终心怀感恩，艺术之笔奏响时代绝唱。
> 他，就是当代著名画家——赵梅生。
> 今天，让我们跟随赵梅生先生长子赵紫峰的讲述，一起走进赵梅生的艺术世界，去聆听他的人生故事……

我的父亲赵梅生，于1925年腊月十二出生在山西省闻喜县。恰遇腊梅花怒放，祖父赵保臣为他取名"梅生"。这个充满浪漫色彩的名字，预示了他一生与梅花的特殊情缘。祖父赵保臣是当地民间的花鸟画师，祖母杨秋菊，善女红，常以裁剪、刺绣盘金绣戏袍和祖传的剪纸技艺获取微薄的收入（图一）。

图一 赵梅生先生绘画的《母亲的女红——印花布老虎》

在祖父祖母的影响下，父亲从小喜欢画画。他经常用捡来的石块和红砖块、柴棍在院里的墙上、地下画姜太公钓鱼、关羽舞大刀等场景；院子里养的鸡、大街小巷里的老屋和牌坊，都成了他笔下常见的画面。

1928年祖父赵保臣去世后，祖母和父亲相依为命，靠着祖母裁剪、纺纱、织布艰难谋生。在闻喜县第一实验小学上学期间，父亲跟随地下党员张雪霞先生学习绘画、写字。春节时他给乡亲们写春联、画斗方，端午时节画老虎，谷雨时节画帖子，深受乡亲们的喜爱。

父亲赵梅生的赤子情怀

　　1938年日军占领闻喜县栗村一带后，父亲历尽艰辛，流落到陕西的纱厂当童工。1942年，在陕西宜川县秋林镇山西省第三儿童教养院担任了图画教员。1945年抗日战争胜利，在中共地下党员刘正言指导下，父亲带领学生进行抗日墙报绘画比赛。特邀为秋林虎啸沟的《国立山西大学校刊》文学报《笔垒》文艺副刊绘制报头（图二）。

　　1946年6月19日，时任八路军地下交通员的祖母杨秋菊和农会主席王天爵等，在对敌斗争中因叛徒告密被杀害（图三、图四）。父亲闻讯悲痛欲绝，立志要学好本领为母亲报仇。

　　父亲经常说："是共产党为我新中国成立前遇难的母亲报了

图二　抗日墙报

图三　闻喜县烈士陵园

图四　杨秋菊烈士墓

血海深仇，了却了我的夙愿。"父亲感恩共产党、感恩政府，更加决心为党、为国家做贡献（图五）。

1949年7月，陕西宝鸡全城解放，中共宝鸡县委副书记焦世雄抽调父亲担任中共宝鸡县委宣传部干部。在陕西宝鸡虢镇城门楼上，父亲冒着危险爬在10多米高的梯子上书写"毛主席万岁"、"共产党万岁"等大型标语，为迎接新中国成立做了大量革命工作。

1950年1月父亲从宝鸡县委宣传部来到山西省干部子弟学校，投身新中国的教育事业。为了进一步提高画艺，父亲在29岁时考上了西北人民艺术学院。但因当时一线美术教师奇缺，父亲毅然放弃了这次深造机会，虽然大学梦破了，但他潜心自修，业余时间系统学习素描、油画、漫画、宣传画。

父亲创作的《准备着：为建设祖国的事业，为实现毛主席的伟大理想而奋斗》、《葵花献给党》、《社会主义好》等作品，发表在《人民日报》、《山西日报》、《山西教育》、《漫画月刊》，讴歌了新中国、新时代。

图五　闻喜县政府给赵梅生的判处杀害其母凶手死刑的信函

1957年父亲创作的漫画作品《虚心接受》参加"全国第一届青年美展",被文化部、共青团中央、中国美术家协会授予"万年青"奖章。

1959年为庆祝中华人民共和国成立10周年,父亲在太原五一广场主席台绘制毛主席巨幅画像(图六)。1961年在太原师范专科学校进修部为建党40周年创作油画《伟大领袖毛泽东》、《毛主席和劳模在一起》、《鲁迅在书房》、《白求恩》等作品。1962年调入太原第六中学,为学校教学主楼大厅创作巨幅油画《希望寄托在你们身上》和《30位中外科学家肖像》。

1965年,担任二十二中美术教师的父亲创作巨幅宣传画时,在教学楼楼顶从早到晚站在十几米高的脚手架上爬上攀下的背影,给时年12岁的我留下了深刻的印象。夕阳下,父亲从楼顶走下来,我悬着的心终于放下来,我紧紧握着父亲的手,热泪盈眶(图七、图八)。在我心目中,父亲就是坚韧勇敢、有本领、有担当、有责任、热爱教育的人。

1972年,太原市中小学美术教师极度缺乏,太原市教育局委托父亲办一个师范美术班。父亲作为唯一专业课老师,一边教书一边编写《素描》、《色彩》等美术专业教材,并刻蜡板油印成册,作为美术师范生唯一的学习课本。备课、教学、个别辅导、示范作画、个人练笔创作,除了必需的吃饭和几个小时

图六 赵梅生先生绘制的太原五一广场毛主席巨幅画像

图七 1965年赵梅生先生为工厂、部队绘制多幅毛主席画像

图八 赵梅生先生绘制的毛主席巨幅画像

的睡眠外，他几乎没有空闲的时间。超负荷的工作，使他晕倒在讲台上。同学们含泪把父亲抬到画桌上，父亲苏醒过来后的第一句话是"赶快扶我起来去上课！"他全然不顾自己，毅然起来站在讲台上，坚持把课上完（图九）。三年后，这批精心培养的学生毕业了，分配到太原市的各个小学，成为各自所在学校美术教学的主力军。

图九 赵梅生先生正在进行美术教学

1976年1月8日，从广播中听到敬爱的周总理逝世的噩耗，父亲非常悲痛，在家里来不及生火取暖，也没有画案，用砖头垒起来当桌腿搭上图板连夜创作以人民英雄纪念碑为主体的速写草图，1978年1月这幅《缅怀周总理》最终完成，在山西省博物馆展出。之后作品流入社会，弟弟赵紫云从拍卖会拍回并捐赠给山西博物院（图一〇）。

1979年，进入了改革开放的新时代，父亲焕发出更为强大的艺术生命力。创作了巨幅绘画《国魂》、毛泽东诗词《咏梅》和《喜出望外》等作品（图一一）。由于美术和美术教育成果突出，父亲先后获得了"山西省特级教师"、"全国教育系统劳动模范"称号，"人民教师"金质奖章，"优秀人民艺术家"、"百位为太原解放和建设做出突出贡献的共产党员"、"全省优秀共产党员"、"从事新中国文艺工作60周年"奖章。

图一〇 《缅怀周总理》

1994年10月，为庆祝中华人民共和国成立45周年，中国美术馆第一次举办了赵梅生画展。作品《郁金香》、《花语》被中国美术馆收藏（图一二、图一三）。2006年9月，为庆祝中华人民共和国成立57周年，中国美术馆第二次举办赵梅生画展。2012年12月，中国美术馆又第三次举办了"雪海流香——赵梅生画展"。父亲的作品《苍龙三部曲》、《满堂红》、《雪海留香》等作品被中国美术馆收藏。人民美术出版社出版了《中国近现

图一一 《咏梅》

代名家画集·赵梅生（大红袍）》、《中国美术家作品丛书·赵梅生》、《中国近现代名家作品选粹·赵梅生》、《中国美术家作品集·赵梅生》。

2015年9月，在纪念中国人民抗日战争暨世界反法西斯战争胜利70周年之际，父亲创作的《上下五千年》、《撼山易撼我中

图一二　《郁金香》

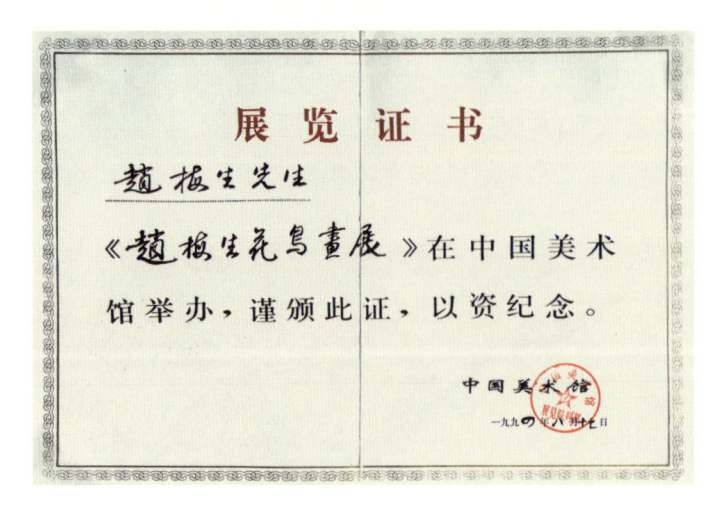

图一三　中国美术馆为赵梅生先生颁发的展览证书

华难》、《巍巍太行》、《卢沟醒狮》等作品在中国国家博物馆举办的"雪海流香——赵梅生90艺术回顾展"上展出（图一四、图一五）。父亲的作品《梦槐》、《华山》被中国国家博物馆收藏。

2011年7月5日，为庆祝中国共产党成立90周年，在时任山西博物院院长石金鸣先生精心策划下，山西博物院举办了"赵梅生新写意画展"。这是父亲生命中最重要、最难得的展览。展览前，父亲正在住院，准备做手术。得知即将开展的消息后，父亲把展览当作精神支撑，每天盼望着能尽早出院参加展览开幕式（图一六）。

开展之际，手术结束才仅仅一周，还未痊愈的父亲迈着

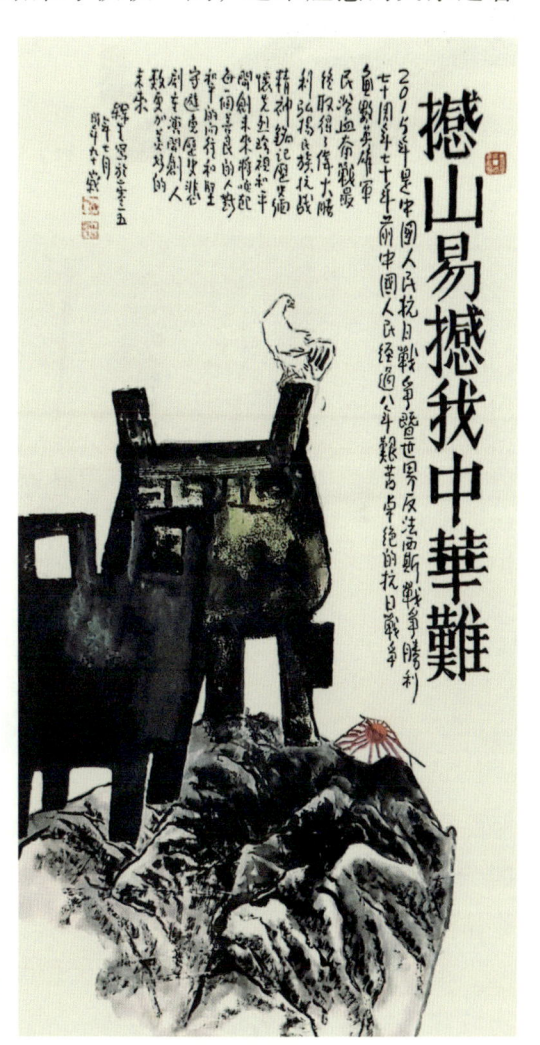

图一四 《撼山易撼我中华难》

图一五 "雪海流香——赵梅生90艺术回顾展专集"

图一六 赵梅生先生在病床上准备发言稿

坚定的步伐走进了"赵梅生新写意画展"开幕式(图一七~图一九)。山西博物院编著,文物出版社出版了《赵梅生新写意作品精选(上、下)》。

2016年5月30日,"赵梅生先生作品捐赠仪式"在山西博物院隆重举行。他将国画《鸟尊》、《傅山》、《五台山》、《西

图一七 "赵梅生新写意画展"开幕式

图一八 "赵梅生新写意画展"

欧写意系列》等201件书画作品捐赠给山西博物院（图二〇～图二三）。

捐赠仪式上，父亲用铿锵有力的声音在致辞中说道："梅生此生虽然历经坎坷，但欣逢盛世，倍感欣慰……梅生有生之年愿用手中画笔继续描绘绚丽多彩的文化春天。"向山西博物院捐赠作品是父亲多年来的心愿，父亲认为艺术之魂在于传承与创新。

联合国于2010年设立"中文日"，由中国常驻维也纳联合国代表团等主办，每年举行庆祝活动，已成为展示中华优秀传统

图一九　观众参观画展

图二〇　赵梅生先生作品捐赠现场

文化、宣传中国发展的公共外交品牌工程。父亲有幸三次受邀参加。

2019年，为庆祝中华人民共和国成立70周年，父亲创作的中国画作品《祖国万岁》在中国国家画院美术馆举办"向祖

图二一 《鸟尊》

图二二 《傅山》

图二三 《五台山》

国汇报 向祖国献礼——赵梅生从艺从教70年回顾展"上展出。父亲的作品《祖国万岁》、《梅花香自苦寒来》两幅画作受邀参展"中国艺术与世界同行——维也纳联合国作品交流展",作为展览海报及代表作,展示在奥地利维也纳联合国展厅。中国文史出版社出版了《走向高峰——当代中国画名家作品集·赵梅生》。中国画作品《祖国万岁》也在求是杂志社主管主办的《红旗文摘》发表。

2021年,为庆祝中国共产党成立100周年,父亲创作的中国画作品《百年大党万年青》、《习近平用典——三牛精神》等作品在赵梅生美术馆举办的"百年大党风华正茂 馆藏赵梅生捐赠作品展——以书画微薄成果向伟大的中国共产党献礼"上展出,表达了父亲践行入党誓词,听党话、感党恩、跟党走,做一名忠诚的共产党员。之后他又受邀参加联合国在维也纳举办的主题为"传承历史 续写华章"的2021年维也纳联合国中文日活动,父亲的国画作品《百年大党万年青》、《习近平用典——三牛精神》、《传承历史 续写华章》以大屏幕展出的方式,在维也纳联合国城向全球同步播放,作品被联合国中文会收藏(图二四~图二六)。父亲是我国唯一一位作品受邀参加该活动的中国书画教育家,他被誉为"中国传统艺术大使"。

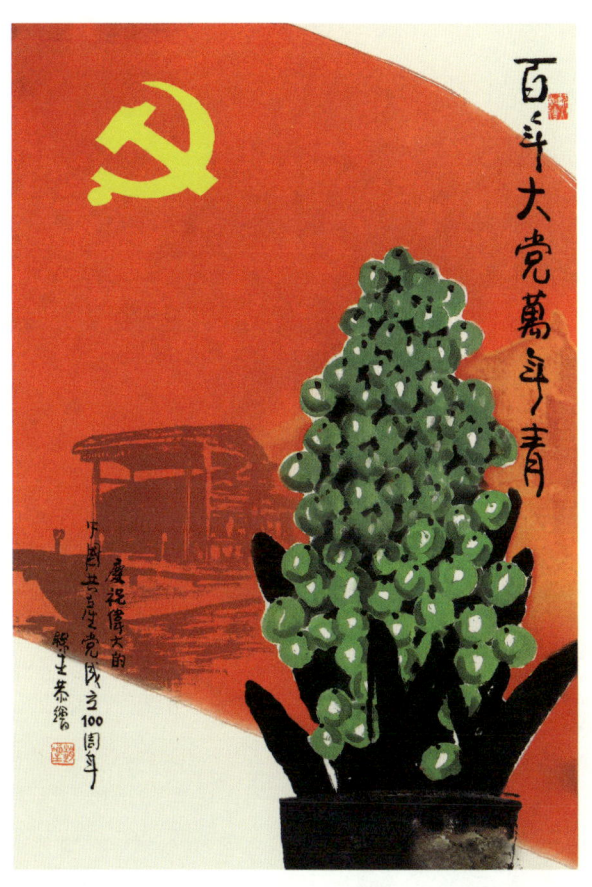

图二四 《百年大党万年青》　　　　图二五 《习近平用典——三牛精神》

  2022年维也纳联合国中文日，活动主题为"七彩云南·世界共享"（图二七）。5月13日下午4时30分，97岁的父亲赵梅生，声音铿锵有力地出现在2022年维也纳联合国中文日系列展播的"艺术与人文"直播中。"祝2022年联合国中文日圆满成功，祝全球每个人都有人生出彩的机会。"在将近5分钟的直播时段中，赵梅生老先生的华彩人生与笔墨艺术，凝练悠然地展露给世界。

  从教从艺80年，父亲一直秉持"活到老、学到老、画到老、捐到老"的理念，先后向国家和专业机构捐赠书画作品1000余幅。作品先后被中国美术馆、中国国家博物馆、故宫博物院、天安门城楼、中南海、毛主席纪念堂、周恩来纪念馆、中央美术学院、山西博物院、晋祠博物馆等单位收藏。

162　文物捐赠人

图二六　《传承历史续写华章》

图二七　联合国中文日明信片

父亲每一历史时期都有佳作呈现，表现时代旋律，抒发爱党、爱国、爱人民的赤子情怀。2008年，父亲向中共中央组织部交纳"特殊党费"并捐赠作品用于支援四川汶川大地震救灾工作；2020年面对突如其来的新冠疫情，父亲向中共中央组织部缴纳了100万元特殊党费，并创作了作品《战疫》（图二八、图二九）。这一系列的举动，都无声地彰显出一位老党员崇高的境界和无私的情怀。

桃李不言，下自成蹊。在父亲的影响下，我也选择了平凡而光荣的教师职业，潜心教书育人。1985年7月，我与父亲同年加入中国共产党。在鲜红的党旗下，我们父子庄严宣誓："立志为实现共产主义而奋斗终生！"我像父亲一样毅然放弃了多次能到行政岗位工作的好机会，40年坚守三尺讲台。我始终以父亲为榜样，兢兢业业、踏实工作。2013年，我从学校退休后，受父亲委托开始系统研究、梳理父亲赵梅生的艺术人生。

在我们兄妹六人眼里，赵梅生既是父亲，更是先生（图三〇）。他慈祥和蔼、幽默风趣，在日常生活上他无微不至地关心我们；在艺术创作上他非常严格地要求我们。多年来，我一直与父亲生活在一起，他教会了我做人、做事、做学问。他心怀感恩、勤奋努力、生活简朴、吃苦耐劳、创新探索、无私奉

图二八　赵梅生先生创作《战疫》　　图二九　《战疫》

图三〇　全家福

献、艺术为民的精神,时刻激励我、鞭策我勇毅前行。感恩流金岁月,奋进崭新时代。最后,我用父亲赵梅生最喜欢的一首自创小诗与大家共勉:梅干当拐杖,布履雪中行。一路烈风苦,健步不回头。

讲述人介绍

赵紫峰

赵紫峰，1953年生，山西闻喜人，中共党员，山西省人民政府文史研究馆研究员，中国美术家协会会员，教育部首批"国培计划"美术学科专家、国家"中学美术"教科书编著专家，山西省人民政府授予"特级教师"称号，正高级教师，香港海峡两岸文化艺术交流协会顾问、海南师范大学美术学院客座教授、太原学院客座教授，太原市委、市人民政府特聘高级专家，太原市专家协会副会长、赵梅生美术馆名誉馆长、山西梅生书画研究院院长。

捐赠人介绍

赵梅生

赵梅生（1925~2022），山西闻喜人，中共党员、山西省第六届人大代表、太原市政协委员。中国美术家协会会员、中国画学会创会理事、山西省文史研究馆馆员、太原画院名誉院长、山西省中师美术研究会会长、太原市对外友好协会理事、太原市委市政府特聘高级专家。1942年起先后担任中小学、师范院校和大学美术教师，从教从艺80年，为太原学院终身教授、海南师范大学客座教授。

赵梅生先生是中国当代大写意花鸟画创作的代表性人物，作品个性鲜明，风格独树一帜，呈现了浓厚的时代气息与创新精神，展现了中国气派和中国精神。他一生紧跟党的步伐，创作出了一系列体现时代性和人民性，饱含温度的精品力作。

赵梅生先生不仅是一位德艺双馨的美术家，也是一位桃李满天下的美术教育家，为党和国家培养了大批人才，始终秉承"学到老、画到老、捐到老"的信念，为中国美术教育和美术事业做出了卓越贡献。

我的父亲苏高礼

苏海江

他是一位卓有成就的艺术家。他的一生,把太多的笔触留给了自己深爱的山西老家。他笔下的太行山水、人物、风土人情,饱含着扑面而来的乡土气息,质朴而亲切。

2014年的夏天,年近八旬的苏高礼先生将他多年创作的170幅油画作品和534幅素描、速写作品捐赠给山西博物院。2017年,他又特别创作了一批画作再次捐赠给山西博物院。这是一位老人对家乡沉甸甸的情谊!

今天,他已离开我们,却把这批珍贵的作品永远地留在了家乡,留给了我们。在此,就让我们跟随他的儿子苏海江先生的回忆,一起深情缅怀这位慈祥而有爱的老人。

父亲苏高礼是画油画的,在中央美术学院(以下简称"美院")教书一辈子。受父亲影响我也学了油画,上了美院,毕业后也在美院教书。画画的乐趣和教书的乐趣让我快乐和享受,这种快乐随着时间与日俱增,我也越发地感谢父亲的引导和教诲。

在父亲的影响下,我和他一样全身心投入在教学上,在其中感受到的满足和充实是我最大的收获。父亲走了,而他反复强调的"为社会多做有益的事情"永远陪伴着我(图一)。

一、父亲扶我走上绘画之路

1985年,我初中毕业参加了美院附中的入学考试,可惜由

图一　苏高礼与苏海江父子在中央美术学院合影

于分毫之差，未能录取，第二年再次参加考试。1986年考前的那些不眠的夜晚我至今无法忘记。父亲在窄小的屋里，自己摆着各种姿势，或站或坐或举手或抬腿……一边做模特儿一边当老师，辅导我画速写一直到深夜。我至今记得，自己已是睡眼蒙眬，但他总是精神百倍。现在我每每熬夜画画的时候，还会想起那样的夜晚，和他摆出的夸张的动作、姿势。

1990年，我参加高考，考试先是参加美院的专业考试，后是全国统一的文化课考试。收到美院录取通知书的那天晚上，我睡得格外香甜。但我记得第二天的早晨，妈妈告诉我，父亲兴奋得一晚上未眠，我曾经揣摩他当时的心情，直到今天我的女儿九岁了，才隐约地体会到父亲那天那无眠的兴奋。

2005年，我已成家，在美院执教也有十年了，想再有所深造，决定报考美院的实践类博士。考试的前夕，父亲打来电话，询问我考试的准备情况。我回答，一直在准备外语。他讲专业也是很重要的，不能因为忽视而出现纰漏。第二天他坐车来到我的住处，说："我来做模特儿，你画张素描我看看。"恍惚间时光倒流，我又回到了考附中的日子，拿起画板端详着年近七十的父亲。那天画得很顺利，素描《父亲像》就是那天的收获。后来好多年，在我们多次聊天中，父亲都提到过那张画他的素描像（图二、图三）。

父亲的第一个个展在2000年举办，展出了近200幅作品，全部是油画写生，这些写生作品此前从未面世，展览得到了广泛的好评（图四）。2004年父亲准备出版他的油画写生画册，我陪父亲一起整理他几十年以来的油画作品。由此契机，在一年的时间里，我陪伴着父亲，几乎每天在一起，一起整理了千余张作品。面对每一张画，我都在细细品读，父亲在旁边讲述着每一张画的身世故事，讲述着每一块颜色和用笔的思索和考量。那是我第一次和父亲如此深入地交流、探讨他的艺术和他的人

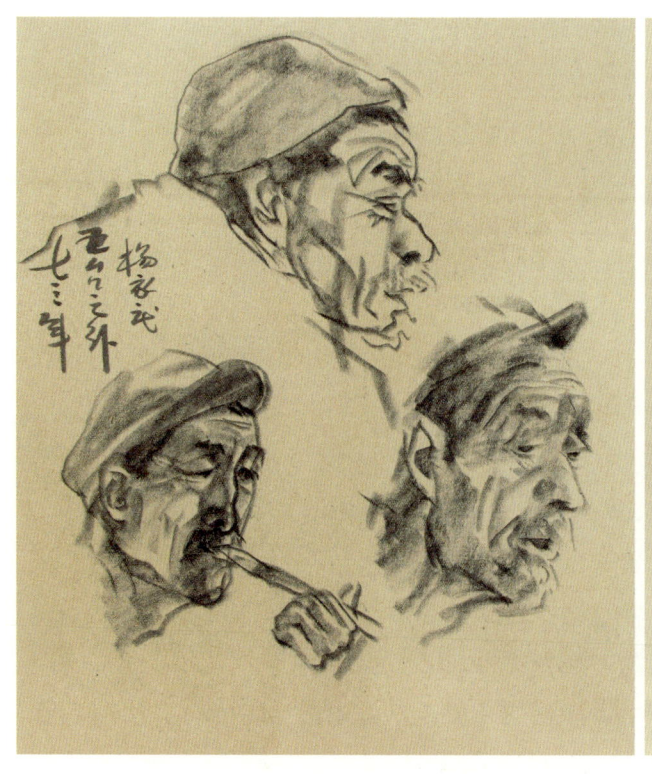

图二　速写《3个老头像》（1973年）　　　　　图三　速写《家乡老汉全身像》（1959年）

图四 在"苏高礼教授油画写生作品展"上全家合影（2000年）

牛。那段时间回忆起来是无比的充实和满足。

2014年的秋天，应厦门中华儿女美术馆李忆敏馆长邀约，父亲和我准备举办一场父子联展。我的心情挺复杂，在父亲面前我总觉得自己的画有着很多很多的不足，父子联展总让自己有些举步踌躇。父亲总是清楚儿子的心思，他积极鼓励我准备联展。为了联展，我把作品汇聚到父亲的画室，一张一张地摆开，父亲逐张评点。与父亲共同准备父子联展的这个寒假，真是天赐的美好时光，让我能够细细倾听父亲对儿子成长之路的评述，了解父亲对儿子学画之路的思考。

二、儿子心中的父亲

20世纪80年代，我们一家人住在老美院的三间小平房里，房子很是狭小和破旧，但房子周围被父亲种的葡萄、丝瓜、苦瓜、西红柿，还有各式各样的花草所簇拥，成为美院校园中的小花园。那是我最喜欢回忆的时光。父亲站在木梯子上，修剪葡萄枝叶的样子，是父亲留在我心中最深刻的形象。我心中的父亲一直就是那年轻样子。

小时候喜欢父亲的画室，看父亲画画。父亲的画室总是整洁而干净，画画的过程也是有条不紊，画面总是按照他的设想一步步呈现出来。还记得的就是画室里特有的松节油的味道，20世纪80年代画油画用的松节油的质量应该比现在要好，味道比起现在画店卖的好闻多了。

后来，我有幸也从事了画画的专业，经常和父亲聊起市面上有哪些流行的新材料和新技法。父亲认真地听着，偶尔也询问一下。但多年后我帮父亲整理回顾展的作品时才发现，在几十年前提到的那些新材料和新技法，他早就"玩"过了，而且还很地道。留学苏联时父亲学的专业是壁画，坦培拉、马赛克、水性颜料……今天流行的许多新鲜的材料和技法他几乎都有所涉猎。

2017年初的一天，父亲问起我现在丙烯颜色的效果如何，他要为山西博物院画一批家乡的创作，想试一试用丙烯来画。年轻人流行用的丙烯颜料在他的手中也是挥洒自如（图五、图六）。

1970年至1980年，年富力强的父亲背着油画箱跑遍了全国

图五　苏高礼教授创作场景

图六　布面丙烯《麻田早春》（2017）

各地，尤其是长年扎根在太行山区的山西老家，在那里他画了近千张油画写生。他回忆那时的写生，就是去采风，收集素材再以此为基础进行创作。所以，在90年代他以写生为基础进行了大量的风景创作，如《家乡组画》、《我的太行》（组画）等一系列风景创作，画面中着重对于隶书般的结构线条、深沉浓郁的色调等油画的形式语言进行探索。2000年父亲到了退休的年纪，油画系为退休的教师举办个展，20世纪70～80年代的那批写生作品得以和人们见面，或许是时空都有了一定的距离，再来看自己的写生作品，父亲也感慨作品中浓郁的生活气息和鲜明的语言特色（图七、图八）。

之后父亲对写生作品进行了很长一段时间的整理和思考。在整理的过程中，对于家乡和早年在家乡生活的记忆，成为了父亲撰写文章的主线。在与父亲的聊天中，每每提起老家和那里的乡亲，他总是有讲不完的故事。每年正月十五回老家看灯会，成为我们全家过年的保留节目。每一次回到山西老家，父亲眼中就会闪现出兴奋的目光，他在村中奔走，步伐像年轻人一样。

图七 《我的太行组画——霞光》油画（1987～1989）

图八 《家乡组画——艳阳村》油画（1992）

三、父亲的家乡情结

1986年的7月,我考上美院附中,父亲带着我陪奶奶回老家省亲。那是我第一次踏上老家的土地,从那时起,我的绘画学习和创作就没有远离过这片土地。

1986年的老家之行让我真切地感受到了家乡的含义。起初听不懂乡亲们的方言,不知如何交谈,但喜欢听他们讲话,因为那语音、语调让我感觉极为亲切。从小奶奶带我长大,或许在我的耳朵里已经种下了那亲切的乡音。同样我回想着家乡的饭食,虽然没有什么特殊的山珍海味,但是每一样都是小时候奶奶曾经做给我吃的美味,豆面抿蝌蚪、撒、炸油糕、杂面,等等等等。长大后因为奶奶上了岁数偶尔才做的美食,在老家吃得我心满意足。或许这就是乡情吧,真正融在血液里的家乡情!

1986年的老家之行,父亲收获颇丰,他画了不少的油画写生,而且这批作品都成了他的写生代表之作。事后父亲讲他那年带我回老家的初衷就是希望通过看他画老家的写生,影响我多多画写生,多多画家乡。但回忆起当时,我只是一心地迷恋于在家乡的"吃喝玩乐",迷恋让人身心沉静的山村生活。

不过,从那以后,每年的寒暑假期,我都会自己或者约上朋友、同学回到我的老家画画。在过去的三十多年中,回老家画画,或是回老家过节,都是我最为开心的事情。对于老家的认识在这份浓浓的乡情中,愈发地深厚和难舍。

父亲一直鼓励和支持我回老家画画,对于我来讲,回老家画画也是件很享受的事情,就像回到家乡吃一顿地道的家乡饭一样温暖贴心,嘴里总会体味着儿时的甜美。正月十五回到家乡,看一看热闹的花灯,听一听激荡心扉的震天锣鼓,感觉这一年的心情都会欢天喜地。

图九 《光棍汉乡亲》油画(1986)

图一〇　布面丙烯《太行晨光》(2017)(山西博物院藏)

与家乡的亲近和不离不舍，自然就会把家乡的点点滴滴时常表现在自己的画面上（图九）。从附中的毕业创作到日后许多的参展作品，都是在这样的冲动中完成的。我已深深地知道，对家乡的情怀是一种对亲人一样的依恋。

父亲每每看到我画的家乡，听到我口中念叨着老家的乡亲，他的眼神中、他的言语中总是满满的暖意。想来1986年父亲带我第一次外出写生，回到山西老家，其中的深意就是要把自己对于家乡的情感让他儿子也继承下来。

2017年，应山西博物院之约，正值耄耋之年的父亲花了近半年的时间画了15幅家乡的风景画捐献给山西博物院，这是他80岁最好的纪念，也圆了父亲再画家乡的愿望（图一〇～图一二）。从创作一开始，父亲的身影又回到了我记忆中的样子，他的智慧与激情再次显现出来。画中的农田地垄和乡村院

图一一 2014年山西博物院"太行魂 故乡情——苏高礼油画艺术暨捐赠作品展"开幕式现场

图一二 捐赠展现场苏高礼为来宾介绍作品

落展现出浓浓的乡土气息,那是他对家乡最美好的记忆。画面中的太行山更像是一座座雄伟的纪念碑,纪念着他心中的家乡,纪念着他走过的时光。绘画创作就是寄情抒怀,真实朴素的情感是打动人心的所在。感叹儿子心中不老的父亲!感叹父亲心中对于国家和家乡的那份情感,激励着他不老的创作激情。

讲述人介绍

苏海江

苏海江，中国美术家协会会员，中央美术学院教授。

捐赠人介绍

苏高礼

苏高礼（1937~2019），著名油画家、美术教育家，中央美术学院教授、中国美术家协会会员。1937年出生于山西省平定县南阳胜村。1954~1958年就读于中央美术学院附中，毕业后被保送至中央美术学院油画系学习。1960~1966年赴苏联留学，毕业于列宾美术学院油画系梅尔尼科夫工作室。2014年、2017年苏高礼两次向山西博物院捐赠个人画作700余幅。

忻东旺的艺术人生

张宏芳

绘画，是人类情感最直观的表达。当代新写实油画的代表人物忻东旺，他短暂的生命写就了一段从民间画师到高等学府教授的传奇，他把有限的生命投入到无限的绘画创作中，定格了一个时代不同的人物形象，开创出一片独特的艺术天地。

2018年，当这颗璀璨的艺术之星已然陨落，他的百余幅艺术品有幸回到了山西展出，其家属精选了作品《襄汾老人》捐赠给山西博物院，成为他留给第二故乡的一份永恒的礼物。本期《约读》将邀请忻东旺先生的爱人张宏芳女士为您讲述忻东旺不凡的艺术人生。

时间本身没办法拿来赏，总是落在物件上、存在情感里。今天，我们隔着时空分享东旺的艺术人生，时间就以一幅幅画作的面貌重现眼前，以一个个过往的时刻再回当年，以一张张脸庞的生动又上心头。

2016年，策展人杨玲博士发心举意为东旺实现一次艺术回乡。东旺生前和杨玲博士有过一面之缘，那时杨玲博士在国家大剧院做副院长，曾邀约东旺为指挥家洛林马泽尔创作过肖像，东旺平时话少，那天在大剧院答谢会上他们聊了很久。艺术知音，能穿透隔膜直抵心灵。东旺去世后，在杨玲博士的持续沟通和鼎力推动下，得到山西博物院时任院长石金鸣先生和工作人员的全力支持（图一）。

展览2018年1月开幕，那是东旺离开的第四个整年，之所以决定带着东旺的艺术首先回到山西，而不是面向更远的距离，策展人杨玲认为这更有助于回顾、梳理甚至确立他的艺术史，并且为理论家研究东旺提供一场基于生命的全面呈现。展览当时准备了东旺的80幅油画、36幅水彩素描、一堂他17岁画下的炕围画（图二），还有我们的人生往事。

这里面最为珍贵的是博物院专家从东旺家乡康保县邓油坊村揭取回来的整堂炕围画，在日头和风雨里残垣断壁几十年，居然等来如今命运的归宿。我想这不仅仅是东旺生命阶段的证物，更也是中国乡村审美的史料。这种即此即彼的惠存，让每一种作为都饱含深意。

整个展览以第一人称叙述了东旺的成长轨迹，立足于他对众生、故土和时代的艺术表达。东旺十九岁来到山西，在这片写满5000年中华文明密码的黄土地上生活工作了十六年，完成

图一 "回乡——忻东旺的艺术人生"展览序厅

图二 揭取炕围画

了从农民工到大学教授的身份转变。这里虽不是他的出生地,却铺就了他日后艺术创作的人文底色。东旺常说,散存在三晋大地上的庙宇、雕塑和壁画正是能够让中国油画身心健康的营养(图三)。回顾东旺的艺术人生,山西丰厚的历史文化遗产,已转化成相随于东旺生命的文化DNA。所以,这次回乡,也可以理解为回传统的、文化的故乡。我亦深信不疑,这一片土地曾源源不绝地滋养过东旺的生命和精神。

展览由三部分构成:人间故土、时代肖像、意象表达,这归纳着东旺艺术历程的三个时期。人间故土(1963~1994)是他的成长期,早年河北、山西两地漂泊求索培养起他丰富的情感体验和敏锐的审美能力;时代肖像(1995~2008)是他的艺术道路走向成熟的时期,他首先于时代巨变中捕捉到农民身份的悄然转变,随后将目光投向了社会底层的边缘人与普通人,用画笔塑造众生表情,记录心灵途路;意象表达(2009~2014)是他在油画民族

图三 忻东旺老师创作笔记

化方向上探索的新阶段,这一时期他为中国油画的造型和语境实现了独特拓展。

展厅布置起始于东旺17岁时绘制的炕围画,展厅最后是他工作室的场景复原,墙上壁画中的十一个人物都是参与装修的师傅。东旺的艺术生涯起步于墙上的炕围画,展览的最后还是落在墙上;当初是他去农民家中作画,后来是他将进城打工的农民兄弟画在自己家的墙上,这样一个变迁是他自身的传奇,也是中国社会的时代缩影(图四、图五)。

记得在展览策划进程中,是时任院长石金鸣先生首先提议在展厅中还原东旺的工作室空间。这一部分里呈现了东旺为师、为父、为夫的日常。一个艺术家作品最终是他全部生命的投影,他对待生活的态度也是艺术品格形成至关重要的一部分。

在当天展览开幕现场,学术主持贾方舟老师、故宫博物院

图四　忻东旺老师创作作品

图五　忻东旺老师创作作品

李文儒老师、北京大学徐天进老师、中国人民大学王克举老师进行了简短的对谈（图六）。关于对谈我想摘录徐天进教授的发言内容，作为考古专家，徐老师是山西的老朋友，他也是东旺未曾谋面的艺术知音。

　　东旺记录了多维社会一个极重要的面（极容易被忽视的面），真实而充满温情。
　　东旺记录了一个巨变时代的一个片段，不只是用艺术家的眼光和语言，还兼具社会学家或历史学家的眼光。在东旺的画作前，我们能够真切地感受到刚刚消失或正在消失及正在变化中的当下。

东旺的画具有人文的情怀和人性的温度,他的画可能没有通常情况下大众认为的美,或并不符合大众的审美趣味。但我以为是极高明、极有力量的,也极具审美价值的。如果把东旺的画作比作书写,显然不是楷书一类的,气质更接近北朝造像的题记类文字,生动而厚重。其所绘各色人物,不妨比作古代庙宇中的群神。所以,他的画作有直指人心的力量,温暖人心的力量,戳痛人心的力量。在他的画作前,五味杂陈(图七)。

东旺的画不是对这个时代全方位的描摹,更不是一个艺术家无病呻吟式的自我表现。我愿意将其视为是一个深具社会责任感,极富人类同情心,满怀对美好生活向往的艺术家对这个时代的真情告白。他用他自己独特的,极具感染力的语言,告诉我们这个时代的真相,他的画,不只是画了底层民众的群像而已。美的或丑的、可爱的或不可爱的、理想的或不理想的,以及人在残酷的现实面前的无

图六 "回乡——忻东旺的艺术人生"展览开幕艺术访谈现场

图七 忻东旺老师在进行采风创作

奈和永恒的人性之美（图八）。

东旺的作品，让我联想到山西的另一位艺术家——贾樟柯，他的电影作品和东旺的画作似乎有某种联系，或可以说有异曲同工之妙。

陈丹青曾对东旺绘画语言的变形而不离写实发出赞叹。在我看来，东旺的画作均是超写实的作品，恰恰是因其"变形"，而强化了对象的特质，从而更具视觉上的冲击力，也因此有了不一样的超写实感。精神性的写实，而非物质意义上的写实（图九）。

以上是徐天进老师发言摘录。

艺术凝神，友情聚义，伴随着展览，先后在山西博物院进行了八场《东旺的会客厅》和两场对谈，有尊敬的周毅老师和山西油画学会师友、清华艺术博物馆徐虹老师、批评家刘淳老师、批评家葛秀支老师、北京大学艺术学院彭锋老师、策展人韩祺老师、作家雪小禅老师、清华大学美术学院刘巨德老师、艺术家舒向财老师、天津美术学院于小冬老师、天津师范大学李砾老师、南京博物院陈同乐老师、金陵美术馆刘春杰老师、南京博物院刘文涛老师、艺术家曹清老师、艺术家李全武老师、艺术家冷军老

图八　忻东旺老师创作作品

图九　忻东旺老师创作作品

师、环球夫人龚华女士。从数九寒天到早春四月，虽是不忍挚爱的师友承受奔波劳顿之苦，但我又无限渴望与师长们精神依偎。当他们风尘仆仆从站台上走下来，进到展厅与观众重聚东旺的艺术世界时，围坐一处，仿佛和东旺促膝而谈。在艺术的话题里，有不见尽头的神秘引力，也有坦诚相论的花火映耀。那种真挚和暖情像太阳的光，温暖着天堂的东旺和人间的我。

两年过去了，每每想起愿意起身为东旺赶路，来山西看东旺的朋友们，我都会被这份质性自然，甚是宁静的安详包裹着。真是斯人若彩虹，遇上方知有。

据博物院统计，展览期间共有25万人次观展，其中有一大部分是在校学生。东旺一生是励志青年的榜样，我也希望通过这样一个全面的历程性展示带给所有观者向上和热爱的力量（图一〇）。

回乡，是温馨的，无论是归来的游子还是世代生活在这片土地上的乡亲，都是一次情感的互暖和精神的对流。为此我和孩子们决定捐赠一幅东旺的作品留在山西博物院。

博物院存放着人类各个阶段的智慧和高光时刻，东旺的作品有幸汇集其中，是安然，是荣誉。

《襄汾老人》创作于2004年春节，那时我们和亦师亦友的戴

图一〇 观众参观"回乡——忻东旺的艺术人生"展览

士和老师、王琨老师、张俊明老师同行,来到李海旺老师的家乡山西襄汾写生(图一一)。那是东旺从山西师范大学调往天津美术学院工作的第五年,回到晋南有故地重游的情感。当时东旺刚刚结束中央美术学院高级研修班学业,四十岁的他在各方面欣欣向荣。通过两年多学习,再次得到美院老师教导,还随尊敬的钟涵先生、全山石先生访学欧洲博物馆,这对于油画艺术的思考和探索至关重要。东旺回国后信心满满,他说看了大师作品后更加坚定了自己的使命。作为艺术家大概要有这样一种清醒和自信。

记得那年正月初二还发生了一件事,两个孩子在大同食物中毒,六岁小儿夜里高烧惊厥,当时的恐惧让我第一次感受到日常里的无常。两天后孩子安然,我和东旺出发襄汾。那些年我把东旺放在生活的第一位,也可能是孩子小还没有学业压力在我身上,另一方面是我想尽量分担东旺艺术之外的所有繁杂(图一二)。

拉着画箱画框,我们一日驱车到襄汾。正月的乡村年味十足,大人孩子穿着新衣裳,桌上摆碟里是瓜子花生,白天围着火炉画画,晚上大家聚在一处说笑。因为海旺老师是本乡人,街坊四邻都来好奇,言来语去地错聊着。错开的是一段时间距离,也是一段城乡距离。我们作为外来人,成为他们的风景,

忻东旺的艺术人生 | 187

图一一　忻东旺老师在为村民写生

图一二　忻东旺老师与孩子们

他们的生活成为我们对现实的当下扩容。我们这样相互热络着共同度过几日，东旺画了《襄汾老人》（图一三）。

（距2020年）十六年过去了，2004年这个正月留在东旺的画布上，襄汾老人不知近况如何。

以上是我琐琐碎碎的回忆，这些人是时间最可心的容颜，这些事是时间光彩的附体。光阴的渡口很美，住着这些旧人，这些落花流水的旧事，这些永生难忘的交情。

物理的东旺在世界上过了五十年，人生不论是长是短，多长多短，如果饱和、馥郁、丰沛，就是最好滋味。

图一三 《襄汾老人》

东旺的这次艺术回乡，既是故乡对游子的召唤，也是游子对哺育之情的还恩。

在此，感谢山西博物院，感谢石金鸣先生，感谢策展人杨玲博士，感谢工作团队，也特别感谢东旺母校晋中学院尊敬的老师和亲爱的同学。感谢大家一如既往的真挚（图一四）！

艺术让东旺永生！艺术让人深刻！艺术让生活美好！

最后，我用东旺的话结束今天的《约读》：

　　我希望我的绘画具有人文关怀的精神。
　　我希望我的绘画具有民族的气质。
　　我希望我的绘画具有当代文化的深度。
　　我希望我的绘画具有人类审美的教养。

图一四 张宏芳女士在忻东旺"一个天才的心相"展览前

讲述人介绍

张宏芳

张宏芳，自由艺术家，文化名人，艺术家忻东旺的夫人。

捐赠人介绍

忻东旺

忻东旺（1963～2014），祖籍河北康保，清华大学美术学院教授，中国当代卓有成就的艺术家与教育家，他以质朴而具有个性的写实手法，创造出一个生活在21世纪前后中国大发展、大变革时代下，社会普通民众的艺术世界，其作品多描绘社会大众的平凡生活，其创作面貌和艺术品格令人瞩目，代表作有《诚城》、《早点》、《消夏》、《装修》等。他以西方油画的绘画技法，展现着中国当代的文化风貌，凝聚着深邃的人文关怀。曾于中国美术馆、上海美术馆、中国油画院美术馆、清华大学美术学院美术馆举办过题为"村民列传"、"相由心生"的展览。

云冈石窟第十九窟菩萨头像与第七窟天王头像[*]回归纪实

王纯杰

文化是一个民族的根基，文物是文化传承的重要承载物，是中华民族历史发展的见证。可惜的是，百年来许多珍贵文物流失海外，深可痛心。现在一些心有余力的爱国人士积极回购流失文物，为国家文化事业的发展做出积极的贡献，功在当代，利在千秋。

一、渊源

2007年，四位中国博物馆的高层管理者，获选参加为期三个月的美国博物馆访问和考察，山西博物院石金鸣院长是其中一位。该项目由梅隆基金会（Mellon Foundation）主办，而协办全程的接待工作，则由大都会博物馆、芝加哥艺术博物馆和本人任职的美国史密森国家博物院麾下的弗利尔-赛克勒美术馆（Freer & Sackler Gallery, Smithsonian Institution）负责。夫人刘静怡也有幸参与了四位馆长访美期间考察调研，因此我们认识了石院长，并成了非常投缘的朋友（图一、图二）。

2012年，我受聘为波多马卡拍卖公司（The Potomack Company）的顾问，帮助梳理收藏家送拍的中国文物。2013年6月中，我正在公司工作时，藏家送来了一尊菩萨头像，原始附件上载明了"云冈第十七窟"。当时正巧桌上有一本早期的石窟图录，我拿来比对了一番，确有相似之处，感觉非比寻常。于

---

[*] 根据专家学者最新研究，此天王头像已被认定为供养人头像。

图一　王纯杰先生（左）与石金鸣先生（右）

图二　王纯杰夫妇

是就要求留下，并同意帮忙向山西省查寻来龙去脉。

这两件事凑在一起，就促成了今天云冈石窟第十九窟菩萨头像回归的盛事。

二、菩萨头像出处及有关人物背景

菩萨头像的原始附带文件里有一封1954年古董商何利斯先生（Mr. Howard Hillis）写给名叫玛格丽特女士的信件，信中说明了这尊菩萨头像（bodhisattva）是来自山西省大同云冈石窟第十七窟，并且提及有关资料曾刊载于一册名为《北中国考古图录》（E. Chavannes - Mission Archéologique Dans La Chine Septentrionale，Pl. CLXII）的考古图书上。原物主是美国哈佛大学附属的福格美术馆（Fogg Museum, Harvard University）一位名叫本杰明·罗兰的考古学教授（Prof. Benjamin S. Rowland Jr., 1904～1972）。

原先的收藏者何利斯先生是当年俄亥俄州克利夫兰市（Cleveland, Ohio）远东艺术古董公司（Howard Hillis & Company-Far Eastern Art）的业主。有关他的资料，我们只找到一份1954年他被美国国税局告上法院有关逃税的案件，控诉文中提到何利斯先生曾经买卖东方文物的事实。

而前物主罗兰教授，则是位精通亚洲艺术的专家，足迹遍及中国、日本、印度、斯里兰卡、巴勒斯坦等亚洲国家。1950年他正式成为哈佛大学教授，并负责所属福格美术馆有关亚洲方面的收藏，著有许多有关东南亚考古艺术方面的书籍。我们根据哈佛大学福格美术馆员所提供的资料，此菩萨头像曾于1964年在福格美术馆展出，当年罗兰教授将当时剥落的三块小碎石捐给了美术馆，作为样品教材（编号1938.116A、1938.116B以及1938.116C）。

这一尊菩萨头像最终由何利斯先生传到了约瑟芬·威瑟斯女士（Ms. Josephine Withers）的手里。威瑟斯女士本身也是一位艺术考古博士，著作等身，并曾经任教多所大学。这尊菩萨头像估计应该是由她的后人拿出来拍卖的（图三）。

图三 云冈石窟第十九窟被盗菩萨头像

三、第十九窟菩萨头像收购过程

2013年10月5日一夜无眠，身为公司的顾问，为了避嫌我就请了一位好友和静怡6日一大早去拍卖公司竞标，静怡事后告诉我，她当时看着慈眉善目的菩萨头像置于一旁等着拍卖，真是情何以堪。

我当时要她定下心来，保持头脑清醒，并祈求苍天保佑我们能顺利得手。没料到菩萨头像一登场，价格居然就直往上冲，竞争十分激烈。静怡说当时实在无法考虑什么是合理范围，只有坚持下去，买到了手再说吧。有趣的是，中间一度我的那位朋友看价格太高，不肯再举牌，是静怡在下头硬把他的手推上去，到最后一槌定案，全场居然鼓掌欢呼！回到家一算，总价格几乎超出预算的好多倍，不去多想，我们还是很高兴买到了手，并决定让这件流失海外的珍贵佛像回归中国，捐赠给山西博物院。

事有巧合，两年后在山西博物院遇到一位从纽约来的画家王满晟，听我们说起此事，才知道原来当时和我们竞标的居然是他的一位犹太古董商朋友。幸好当时这位古董商手头正紧，倘若晚上几天，等他完成了一项正进行中的买卖，以他的作风我们可是争不过的。这应该也是老天爷在一旁保佑我们吧。

四、菩萨头像返国及云冈石窟确认

2016年9月中旬，我因受邀到北京作一场演讲，我们俩就趁机转到太原，石院长特别为我们安排再去云冈一游，看看能不能亲自确认菩萨头像的位置。这次是我们第二次重访云冈，第一次是在2010年，记得当年到处都正在整修，上山的车子只能停在外围，而且有许多石窟都不开放。但就是那样，石窟造像的宏伟已经足以令人震撼，终生难忘了。

二次重游，云冈石窟包括大同市周围的环境已大不相同，整洁开阔，现代化中衬托出原有的气魄与景观，非常壮观，让人惊叹。当天下午张焯院长与赵昆雨主任两位亲自陪同我们参观，介绍上次没看到的石窟，并讲述当时修护园区的经过，让我们增长不少见识。

到了第十七窟时，赵主任说，那尊菩萨头像不像是这里的。我们一听，顿时心凉了半截，当时心情真是难过得说不出话来。就在这时赵主任又说可能是第十九窟的，我们一行人马上同时加快脚步，冲向前面的第十九窟！进窟右转，右手边第一龛的三

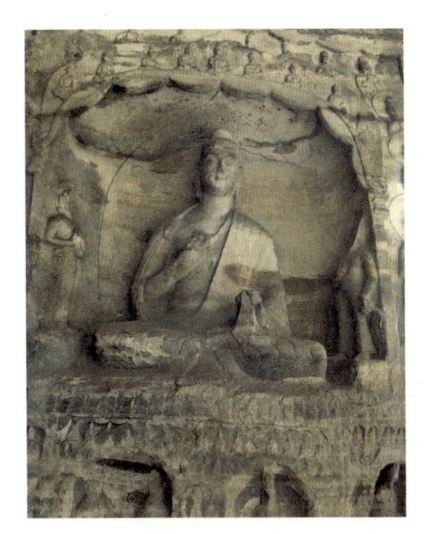

云冈石窟第十九窟菩萨头像与第七窟天王头像回归纪实

尊石像并排一大二小，左右的两尊正缺少了菩萨头像！我直觉应该就是这儿了（图四～图六）。随后晚餐时，赵主任坐在我们右边，静怡将平板计算机里详尽的图像数据拿给他看，主任即刻站起退席，过了一阵子带回了一份遗失菩萨的复印档案，我们寻回的这尊菩萨头像赫然在列！当时席上所有人都兴奋不已，尤其是张院长，激动得都红了双眼。还记得他说这尊菩萨头像回归该是第33号了。此情此景，我一辈子都不会忘记！

我祖籍福建长乐，乡亲大多是天主教徒，我也从小随着父母信奉天主教，但我却又与佛教十分有缘，也尊崇佛学思想。我把这次的经历总结成八个字"万流归宗，善缘自在"。在此要特别感谢石金鸣院长，由于认识他，我们才会有机缘到山西参观向往已久的历史古迹、接触书本外耳熟能详的风土文物，因而产生出浓厚的乡情和使命感。当静怡与我看到菩萨头像的那一刹那的感动，相信就是来自于这种情怀。更庆幸能在石院长的主导下，顺利完成这桩菩萨头像回归国土的盛事。这应该是我们这辈子所做过最有意义的一件事了吧！

图四　云冈石窟第十九窟

图五　王纯杰夫妇与赵昆雨主任（左二）在第十九窟前参观

图六　王纯杰先生指认第十九窟菩萨像遗失位置

后记（2018年7月15日）

2017年12月初，无独有偶，我又在拍卖公司遇上一尊令人动容的石像。根据寥寥数行的资料，知道是由一位东亚文物收藏家奥斯本·豪格（Osborne Hauge）的后代拿出来的拍卖物品中的一件。根据记载，豪格家族捐赠给我们弗利尔美术馆不少日本文物。我左看右看，越看越觉得这石像面善，无论石质、雕刻都是云冈石窟的式样。心里欣喜万分！由于上一次的经验，这次就不动声色，到

图七　云冈石窟第七窟天王头像（正面）　　图八　云冈石窟第七窟天王头像（侧面）

上拍那天就拍了下来再说。最终我们如愿以偿地请回了菩萨头像，继2016年之后，再次捐赠给山西博物院（图七～图九）。

2018年7月9日那天，当我们正在大同古城内的上下华严寺参观时，电话报告好消息，说云冈的赵昆雨主任已经确认了这尊石像是第七窟的鲜卑孪生天王中的一尊。第二天，在蒙蒙细雨中我们进入了第七窟，爬上临时工梯至石像的原点，其中激荡的情绪只有身临其境的人才能体会出来。

根据云冈石窟官微的报道，1925年在日本考古文献上出现

图九　王纯杰先生（右一）、时任山西省文物局总工程师赵曙光（左一）及山西博物院院长张元成（左二）在捐赠现场

云冈石窟第十九窟菩萨头像与第七窟天王头像回归纪实 | 197

图一〇　云冈石窟第七窟被盗后现状

的第七窟同一位置的图录中，两尊孪生兄弟头像依然同时存在。所以我们可以判断它就是在1925年左右被盗的（图一〇）。

在返美途中的此时此刻，心中期望这两次捐赠菩萨佛头像的举动能抛砖引玉，鼓励更多的有缘人一起努力，让流失海外的国宝文物重返家园！

讲述人、捐赠人介绍

王纯杰

王纯杰，字粹人，1947年出生于台湾省台北市，祖籍福建长乐。1973年台北"印石珍赏会"创始人之一。1979年移居美国。1998年起至今在美国史密森国家博物院所属弗利尔-赛克勒美术馆担任义工/研究专员。2006年任职美国国会图书馆亚洲部，协助中国书画篆刻之研究，并合编《美国国会图书馆中文古籍藏书钤记选萃》。2010年荣获台湾第十六届全球中华文化艺术薪传奖中华书艺奖。2014年受聘为年度美国马里兰州艺术委员会及史翠摩艺术中心年度篆刻及艺术导师。2004年任教于乔治·华盛顿大学，2015年退休后，继续于史密森协会艺术工作室及其私人工作室教授书法。著作有《孔子世家赞》篆刻组合以及有关印石与书法教学方面之论文和视频。

收藏捐献古代壁画的心路历程

田亦军

> 草蛇灰线，伏行千里。
> 看似偶然的巧合，实际早已埋下必然的机缘。
> 只要心存敬畏，常修善举。
> 看似机缘巧合的事情，也是令人满怀喜悦。
> 一段鲜为人知的故事，由田亦军先生娓娓道来，如读好书，若品优茗，豁然诠释了田亦军先生捐赠壁画这一伟大善举的前因后果……

我是从事对外友好交流工作的一名干部，工作的性质和需要，使我对中国古代历史、文化、艺术等颇感兴趣。并因此走上了收藏之路。

谈到对壁画的认识，还要从30多年前说起。改革开放初期，我省为了建立与国外省州县的友好关系，对外宣传山西的历史文化，需要出一本专门介绍山西省名胜古迹的宣传画册。为此，1982年我专门陪同省著名摄影家马明骏先生从南到北，将我省主要古迹和名胜进行了专题拍摄。

在运城的永乐宫，我第一次见到了三清殿墙壁上恢宏的元代壁画，其精湛的技艺，栩栩如生的人物，堪比敦煌壁画而享誉世界，给我以极大的震撼。紧接着我们就奔赴洪洞县广胜寺，拍摄外景飞虹塔，当进入寺内拍摄时，在上寺我看到了十分珍贵的元代戏剧人物壁画，那生、旦、净、末、丑等十一个人物和各种乐器一应俱全，人物生动逼真，场面鲜活，是我国古代戏剧和音乐发展史极为珍贵的历史资料。

然而，当我们在下寺拍摄另几组元代壁画时，听管理人员介绍，原有的大雄宝殿里巨制恢宏的《药师经变图》等壁画早已被美国人掠走。听闻此言，深感遗憾和惋惜。其后，我们走访了玄中寺、天龙山、晋祠、五台山、云冈石窟等，前后历时半年有余。编辑成册后，于1983年4月以《山西》为书名，分上、下两册出版发行（图一）。

这是我第一次与有关古代壁画的结缘，尤其是广胜寺那未曾谋面的元代壁画，在我的心中留下了深深的期许。因为我的祖籍就是洪洞县，我的父亲、母亲就出生在广胜寺下的汾河岸边。

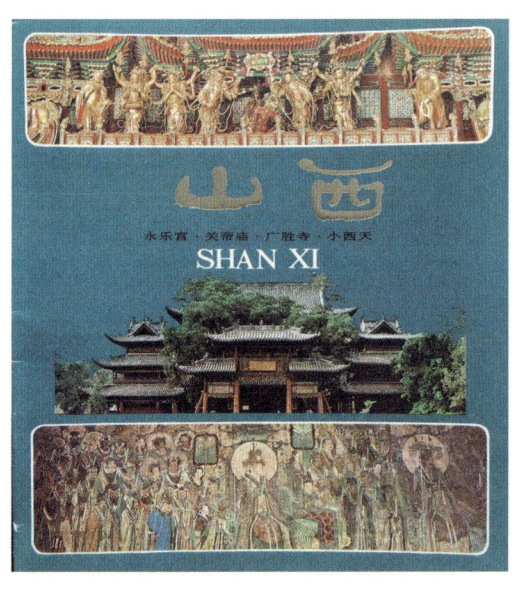

图一　1983年出版的《山西》

2007年初，我和夫人休假与女儿一起去大同旅游，在返回太原的途中路过应县，夫人说道："应县木塔是中国最有名的木构建筑，也是世界上最著名的几座塔之一，好不容易出来了一趟，咱们顺便也去看看吧。"

我们一家人就驱车来到这座著名的辽代释迦木塔，绕行一圈拍照留念，随后上车离去。就在行车快要进入高速路入口，在加油站需要停下来加油，但前面已有几辆车在等待，我们只好都下来散散步消磨时间。

此时不远处有一破旧棚屋，门前摆放着一些老旧杂物，有老马车、旧农具、破门窗、老碾子、饮水石槽，等等，出于好奇我便拉着夫人和女儿走进去探访。进屋后，只见正房摆着两个旧柜子，上面摆放着几个锈迹斑驳的铁质老烛台，右屋炕上几个人围坐一起正在打牌，里面没有什么东西。正欲转身往外走时，瞥见对面黑乎乎的破屋里地下、炕上散乱地摆了一大堆东西，便随口一问："你那屋里放的啥？"有人漫不经心地说是"泥皮画儿"。

我心里咯噔了一下，想这么多年，还从未听说过啥叫"泥皮画"，便好奇地进屋细看。只见屋里地下和炕上胡乱摆放着几十块七零八落，大小不一、斑驳陆离的泥皮，蹲下来拿起仔细辨认。因为这些泥皮画上面布满了尘土和附着着厚厚的白石灰，便用随身带的餐巾纸轻轻擦了擦才隐隐看到这些泥皮的正面——是彩绘的一些人物与动物等图案。

为了进一步观察那些炕上的泥皮，我便对打牌的人说"能不能看看炕上那些大块的泥皮画？"屋里过来个汉子二话没说踩着放在地下的那些泥皮就上去准备翻动搬弄，我一看他的脚踏之处那些本已破碎的"泥皮画"又被踩碎了一批，惊得忙喊"别弄了！别弄了！"那人跳下炕无所谓似的径直回屋里接着打牌去了。

看着躺在地下破碎"呻吟的泥皮画"，我和夫人都感到十分心痛，再仔细翻检其他绘有各种图案的泥皮，尽管形象模糊不清，但根据过去有限的经历和知识，初步判断这些被当地老百姓俗称的"泥皮画"，有可能是当地俗称的炕围画或是院门两侧的门神画。夫人分析有可能是宅院照壁上的辟邪画或者是祠堂里的祖宗像，我们又推测还有可能是从别处收集来的老旧壁画。

当时虽然一下子也搞不清究竟是哪一类东西，但我们觉得至少这些"泥皮画"也应该是具有一定地方风格与历史年份的民俗绘画艺术品，如不能尽快把它们抢救下来，说不定这些老祖宗留下来的很有价值很珍贵的民俗艺术品很快就会被这样踩来踩去、搬来弄去折腾地消失殆尽、无影无踪。

站在屋里我和夫人商量一会儿，我们觉得应该把它们收藏起来，以便今后逐步整理、适度修复、深入研究并妥善保护，其他的以后再说。于是，便问："这些泥皮放在这里干啥？"屋里有人接话说："看能否换俩钱。"我接着又问："这是从哪儿来的？"有人接着说："别处盖房子拆下来的不要了，我们收的。"我又问："这些全卖吗？"那人说："都卖，你要吗？"当时，没时间细想，也不知这类东西一共有多少块，便随口答应"都要！"就这样一次普通的旅行，一次意外的发现，一堆又破又乱的灰泥巴，竟然使我懵懂间与古老的泥皮画有了面对面的真切交流。

"泥皮画"收回来后的一段时间，少部分破损的泥皮经过自己并不专业的初步清理拼整，原来那一个个隐藏在厚厚白灰下的生动鲜活的人物景像，逐渐浮现在了眼前。看着他们或是端庄或是慈祥或是威严或是凝重或是沉思或是欢快的一幅幅画面，这便让我想起20世纪80年代初的那段在永乐宫和广胜寺的经历，更让我回想起，20世纪80年代末90年代初，我几次赴美访问，在参观纽约大都会博物馆中国厅时，见到那幅在广胜寺未曾谋面的巨幅彩绘佛教壁画（图二）的感慨。

　　广胜寺元代壁画惨遭切割分拆远渡重洋的苦难故事，经详细了解和探究，它的前世今生更是让我唏嘘不已。这幅宏大的壁画，竟然是因为当年广胜寺为筹措资金修葺快要倒塌的庙宇，于1929年以1600块大洋转卖给了美国人赛克勒，其详细经过在《重修广胜下寺佛庙序》中有明确记载："去岁（1929年），有客远至，言佛殿绘壁，博古晋雅好之，价可值千余金。僧人贞达即邀士绅估价出售。众议以为修庙无资、多年之憾，舍此不图，势必墙倾椽毁，同归于尽……"

　　就这样，这些无价的元代壁画竟以区区"菜价"出售给了文物贩子，转卖给了美国人。成为人家炫耀东方文化艺术的镇馆之宝。驻足在这七八百年历史恢宏巨大的壁画面前，凝视着它，那时心里有着无尽的叹息。

　　在收藏过程中，经初步了解这几批壁画分别出自以下几个地点。

图二　美国纽约大都会博物馆藏《药师经变图》

《龙王出行图》出于五寨县城北三十余里的一个小山村的旧学校，原为一破旧的龙王庙（图三）。

《罗汉》、《金刚力士》、《观音大士行雨》、《二郎神》出自应县兴寨村的旧粮库，20世纪60年代又改为村小学，后废弃。原为一座老寺庙，拆掉新建学校时发现的（图四～图七）。

《圣母朝会图》共十七块，出自浑源县一处深山叫东屋卯村里破败的旧屋（原来可能是一处古代寺观），村里拆盖新房时发现一堵夹墙里存有泥皮画（图八）。

图三　龙王出行图

图四 《红衣戴帽僧人》

图五 《二郎神》

图六 《四位僧人》

图七 《观音大士行雨图之观音降水》

图八 《圣母朝会图》

《水母图》共九块,出自山阴县一个叫疙瘩村的一个窑洞式的破庙,原来一直堆放杂物,因部分倒塌拆解时发现的(图九)。

还有零散的一些不知来历。

收藏到这些壁画后,这些年来,确实感到保护不易。搬动要破碎、清理要掉色、光照怕退色、下雨怕淋湿、干燥怕变形。经过整理,初步统计全部达80块,这一堆泥质壁画长期放在家里既不利于保存,又不好放置,既不卫生还影响生活……这些壁画的保护成了我的重负(图一〇)。

2008年,为了保护好这些来之不易的古代壁画,经过四处筹备我专门盖了一间十平方米左右的砖混结构,既通风又保温、不怕日晒雨淋的库房存放这些壁画(图一一)。随后,还多次约请有关人员,看能否让文物修复专家帮助修复,更好地保存。但因修复壁画是个繁杂的工程,当时许多条件不具备,因而搁

图九 《水母图》

图一〇 田亦军在整理破碎的壁画

图一一　保存壁画的库房

置下来。

　　这期间，我们每次查看整理时，尽管小心翼翼，但还是避免不了泥皮脱落，危及画面的情况。我与夫人多次商量，认为我们自己修复技术有限，能力有限，条件又不具备，弄不好还会对这批壁画造成二次伤害，违背当初抢救保护文物的初衷。

　　另外，自己研究毕竟是业余的，非专业不系统不科学的，尤其对壁画的人物、内容、年代、地域，以及更深层次的文化价值、艺术价值、宗教价值等都无法准确评判定位和宣传推介清楚。因此，无偿捐献给山西博物院，让专业机构修复、保存，让专业人员研究、展示，不仅能对山西的文博事业做出一点贡献，同时这也是每一个公民应尽的义务与责任。

　　其实，对于捐赠这批壁画，就我个人来说，还有对于历史的情怀及使命。早在70多年前，抗日烽火燃遍大江南北，祖国遭到日本侵略者的肆意蹂躏，中华民族和中华文化面临生死存亡的时刻，我的父亲田怀宝（原雁北军分区副政治委员）在1942年初春，曾和他的战友们为抢救保护中华文化至宝《赵城金藏》做出过奉献和牺牲。

那时，山西省洪洞县广胜寺主持接到了驻扎在此的日军通报，有一个日本文化考察团要来广胜寺考察并觊觎这部世界仅存的多达7000多卷的《赵城金藏》，我方打入敌人内线的情报也显示，日军确有此企图。

广胜寺的爱国主持力空和尚在危急时刻迅速向中共赵城县委和太岳区委进行通报，希望立即将这批国宝转移至延安，以免被日本侵略者掠走。此后不久，延安复电，立即抢运这批经卷至安全地点，妥善隐蔽起来。

据回忆，4月25日，由父亲所在的洪洞县游击大队与赵城县游击大队配合太岳军分区基干营和洪、赵两县当地民众数百人连夜组成了抢运大队，一部分阻击、防范敌人，一部分沿途警戒，一部分搬运。

这天深夜整个抢救任务就在日军眼皮底下（日军一个小队即驻扎在离广胜寺一公里的道觉村）进行。我父亲当时任洪洞县大队二中队一排长，他和他的老战友二中队三排长胡景义伯伯（原安徽省军区副参谋长）、县大队侦察员高凤翔叔叔（原宁波警备区参谋长）及赵城县政府干部周慎姨夫（原成都铁路局党委书记）等两地干部和群众齐心合力，用包袱、衣物、门帘、箩筐、提篮等将经卷装在骡马背上，或是人背肩扛，顺利抢运转移至另一个县的废弃旧矿中保存起来。

这批《赵城金藏》几经辗转磨难，终于在新中国成立后被国家图书馆完整收藏，现在它与《永乐大典》、《四库全书》、《敦煌遗书》并称为享誉全国和世界的国家图书馆馆藏四大镇馆之宝。父亲生前曾多次对我谈起这段回忆，并应邀于1982年与胡景义伯伯、高凤翔叔叔等老战友为洪洞县党史办撰写党史专门记述了这段史实。

想起这些，令我感到抢救和保护中华民族优秀文化遗产是中国历史上多少仁人志士的历史使命，也正因如此，中华民族才会绵绵不息，代代相承，傲立于世界之林。能把这批壁画捐出，就是对前辈们的最好纪念，也是我们这些革命后代应尽的责任和义务。

图一二　田亦军、王珏夫妇

　　基于此，2015年夏，我和夫人共同决定，将这批壁画全数捐献给山西博物院。同时也征求了远在香港读大学的女儿的意见，女儿非常理解父母的决定，表示无条件支持。至此，我们为这批壁画找到了永久归宿，让它登上了更加宏大的艺术殿堂（图一二）。

讲述人、捐赠人介绍

田亦军

田亦军,原山西省人民政府外事侨务办公室副主任,山西省人民对外友好协会副会长。

笔下的故土

张培林

他是黄土地上成长起来的艺术家，从苦难中成长，一生波折，充满悲情，执着而坚韧。他的艺术生命早已与太行山脉融为一体，却又特色鲜明，个性张扬。他叫张培林，他把自己浓墨重彩的百余幅作品捐献山西博物院，留待世人细细品评……

火车每一咣当声都是一节欢快的音符。伴着声响，获取窗外景色。冀州平原上，一条大河在夕阳下闪着粼光向东，接永定河，从卢沟桥下穿过，到北京城了！我想起"解放"二字。我解掉多年束缚，轻轻松松来到首都。

王文芳老师在出站口等我。隐约听到他的呼声："张培林，这里！"他夺过我的行李，"走，跟上！"上公交车，倒电车，通过小巷进了大大一个四合院，拐一弯，有一间小屋。"到我家了。"他说，"这里原是齐白石故居，我这间是下人住的地方。"他笑笑。小屋十来平方米，笔墨纸砚锅碗瓢盆拥挤中突兀一张床和一张桌子，未完成的大画半截耷拉在地下，他把我的行李找一个空隙放下，说："走，吃烤鸭去。"

第二天带我去新的北京画院。感觉坐了好长时间公交车才到那里。在两边丛草新铺马路旁立一个中不中西不西的大门，王老师说，这就是新画院。抬头横额是郭沫若题写的"北京画院"金色行书。门庭很大，细水涓涓翠鸟嘀嘀，有各种花草树木，正中端坐齐白石先生像。一下子感觉真的到了美术殿堂，我就在这里启蒙，那年我四十五岁（图一）。

我是北京画院第一批进修学员，又是学员中最老的一个，

图一 北京画院学习时期观摩王文芳老师作画

所以只有我一个人被安排在一间独立的小房间。一张行军床，一个小凳子，"极简"陈设。另一个大房子本来是学员共同画画的地方，但我有一个宽厚的老师，他把他的画室让给了我。

就这样，我在王老师提供的画室中不停地画，念叨着一定要弥补那被夺去的青春岁月。首先是熟悉工具，掌握技能，我根本不知道各种宣纸性能，常因为无法控制水分弄得寝食不安。我不敢让别的同学知道我的"底子"，羞于让邻屋那些和我年纪相仿、却已是全国知名画家的老师看见我的"无知"，我在羞羞答答又战战兢兢的状态下涂抹。

有一天，王老师说："你可以创作了。"咀嚼多时，我才明白老师的意思：王老师是认定我笔头有了创作能力！他说，技法可以一边创作一边寻找。重要的是创作，要直面生活，忠实心灵经营画面（图二）。

但我进入死胡同了。

问题出在多年来固化了的现实主义与浪漫主义创作模式，单向的主题先行论束缚了我的想象。我没有看到山青水绿，也没听到莺歌燕舞，显

图二 北京画院学习时期在画室留影

然难以画下去。必须在文化中心的北京寻找艺术新途,正逢国门大开,一片崭新的繁荣。老师带我去电影局看内部片,还带我进书店买外国画册。是的,他买什么书我跟着买什么书,还买了很多我中意的书籍。我囫囵吞枣地读了《当代西方美学》、《现代西方哲学》,还有《情感与形式》、《艺术形式》等专业书籍,还欣赏了很多近代西方大家的画册。

有一段时间我整天在图书馆琢磨日本绘画,他们怎样从大和绘的"引目钩鼻"的程式化造型向心灵自由的日本岩彩绘转变。我喜欢东山魁夷的现代构成和他略带悲情的宁静意境,我也喜欢西方后现代派泼辣的笔触。是的,我完全"疯了",不愿吸纳画室的空气,晚上到剧院看演出,我在欣赏中央芭蕾舞团演出中迷上了身体的曲线美以及由此产生的动态美。我在欣赏北京人艺话剧《雷雨》时,在电闪雷鸣中泪流满面。

所有这一切,给我总的感觉就是"外面的世界美极了"!

多数大画家一再强调章法墨法笔法,说一笔下去都要有来处。还有,游离了形而专注图式折腾的那种,说是作哲学思考,但在我看来多是装腔作势的伪现代!我不否定抽象绘画,但必须在抽象后的构成中让读者感受到一种境界。

而我,离不开写实方法,我喜欢借助对象诉说心扉,压抑与挣扎外溢,唤起尊严的憧憬。不一定仅是抽象绘画才称得上现当代,写实绘画同样可以是前卫,只是手段不同。关键在于作者对人的存在认识程度如何。我追求大我小我的统一,喜欢朴实无华的面貌(图三)。

我站在当代,这个历史的大转弯

图三 在北京画院学习期间创作的绘画作品

处，觉醒与重生。扭头向后，优秀的西方艺术潮经几百年翻滚已来至后现代，新鲜充满活力。我略去所有不属于我的表达方式，紧贴我的感觉，经营自己，直达心灵栖息处。

1986年，临到毕业要举办汇报展，一时间脑洞大开，创作欲如火如荼，一任笔头泻泄。"就这样画下去！"王文芳老师敲定。观展的画院先生们说："灵魂解放"、"面貌初显"、"这是张培林"（图四）。

1988年，北京当代美术馆展期敲定了时间，签了合同，不能打退堂鼓，需要素材，自然是去我家城外五十里处太行山巅搜集，找到心像，对应自然（图五）。

那里是我打小的"根据地"，有一个石洞刻在童年记忆。石洞前，上望接天的山顶，下观万丈悬崖，很险，很威严，它是"靠山"，是我人生的起点（逃难地）。我沿着山腰向南，在横断巨石上行走至阳曲山下，在一个说是客车实际是一个大卡车的车子上，石路颠簸摇摆，心都震碎了，我手抓马槽沿，瞅擦身的石壁，石壁时陷时突，幽深阴冷的光扫来扫去，像群怪兽龇牙咧嘴，我耳听风声呼呼。车一直向南，在一个稍显空阔的地方停下，到黄崖洞了，听说这里深山有八路军兵工厂，想来风景一定不一般。靠右，朝眼前丛山走去，巨石连缀，堵堵大墙

图四　第一次将画作陈列在北京画院展厅时留影

图五 为准备画展在太行山搜集素材

一般,随着距离缩短,左右上下一块块坚石矗立,威武霸气,陡然增了压迫感。钻进山里了,在一刀劈开的石头缝隙里爬行,身体被山体挤来,滚动的石路上一跌一倒爬行。拐弯处射来一束光芒,上了那个大坡就到山腰了,在右侧找到了八路军兵工厂,厂房嵌在深深的山洞里,有残存的石头墙体。停了好长时间,头脑里久久上演穿着灰色军服士兵在飞机掠过的"厂房"里开足马力,没有先进的机器没有充足的食物,能感知他们理想与信念带来的力量。心里都有一盏灯,苦难过后就会有面包。我继续走,翻到对面山梁,放眼左右,尺余宽的小道引导,拐来拐去,在一石壁下,扁扁的缝隙间有塞进里面的石头小房子,坡上交错几根蚯蚓小路。门窗已破损,有石碾石磨,隐约听到,一个老人在叙述山窝的故事,生存不易,是一首忧伤的曲目。我住过石屋,想到存有滴泪的音符,走到另一山丘回望,原来那几户人家是压在足有半里路长的特大石头下面,转眼向上,是荆棘丛生的三十度的陡坡,仰视接天处,隐约有汽车的嗡声,那里必然是平坦的去处。我要爬上去,欲望在闯荡,扒拉开横竖穿插的枝条,脚踩腐枝败叶,爬下再站起,直到阳光不见月光,上到了山顶,背后是万丈深渊,前面是山里大道,高声呐喊:"我来了……"

我还收藏了斜插的不守规矩的巨石,我还收藏了不安的放射形的山梁,我满胸画意,蠢蠢欲动。

我急于把心中的图画复制在宣纸上,没日没夜地画,在贝多芬《命运》交响声中,每一笔都是我的情(图六)。

展览获得了好评,在京大腕发表文章表扬,说"好久没见这样的画了",说"北派雄风重振",说"太行悲歌",说"北宗再造",说"悲剧产生了力量"……

评者还说:你用绘画记录了一段历史,正如伤痕文学、反思文学。一位在京名家,要我在北京"发展",腾出他的四合院说等你的作品更完美。可我在那里待了一月,脑袋空空荡荡,一点激情也没有,真叫神不守魂。连吃饭都没味,哪来完美作品。这不是我久住的地方,必须尽快离开,我心念太行山!

我返回了家乡,我固执地守护着自己的真实。

图六 在北京当代美术馆留影

由衷感谢收藏我作品的中国美术馆等收藏的单位及个人。特别感谢山西博物院,感谢石金鸣院长及评审组专家。我两次捐赠的一百七十余幅作品保留在那里(图七~图一一)。当石院长递过那份收藏证书,我不自主举了起来,随后捂在心窝上,过往的酸甜苦辣相融相会,生命的挣扎与奋进、悲怆与雄强,唤醒了生命全过程。

2023年,我有一个摩诘美术馆收藏展。我还与太原美术馆议定了回顾展……一生有几百幅较满意的作品,要它们诉说我命运的起起伏伏。在我家乡老宅的几间老屋里挂了几十幅作品,我斗胆命名为"张培林美术馆"(图一二、图一三)。曾有一名画家说,这么简陋真让人失望,咳!对不起了,我就是这么个

图七　早期作品C壹编写生之四　　　　　图八　黑色系列D壹编90号

图九　黑色系列D壹编84号

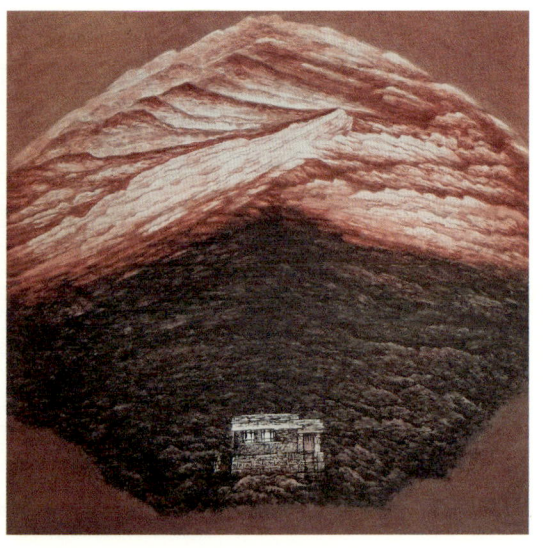

图一〇　红色系列E壹编130号

图一一　金色系列G壹编456号

图一二　张培林美术馆内景

图一三　《约读》栏目组工作人员与张培林先生参观张培林美术馆

人，一个非常自我的山里人；在生我养我的地方展示我的画作，像在乡下临时搭建的戏台上，我，一个悲剧演员，不装腔作势淋漓酣畅去表演，视作一场专为你及所有知音的汇报，有什么不好呢？

讲述人、捐赠人介绍

张培林

张培林，1937年出生于山西省和顺县。画家，一级美术师，群众文化高级研究员、北京中国山水画研究院研究员、山西画院特邀画师、山西大学美术学院客座教授、山西省作家协会会员。2014年、2017年张培林先生向山西博物院捐赠画作170余件（组）。

张培林自幼酷爱作画，在少年时期就已展现出过人的绘画天赋。1952年参加工作，在和顺县文化馆担任群众文化辅导员。然而，命运却并没有眷顾这位多才多艺的青年，1957年开始，青年张培林在农村劳动二十年。1978年，重回工作岗位，担任了和顺县文化馆的馆长。1985~1987年在北京画院进修，从此真正开始了他的画家生活。

厚土荒山记

王满晟

浮云游子意，厚土涵深情。

旅美艺术家王满晟先生，生长于山西太原，自幼与博物馆结下不解之缘，埋下了热爱中国传统文化的种子。1996年移居美国，深耕中国传统绘画艺术。

今天，就让我们随着王满晟先生的讲述，追忆他和山西省博物馆（山西博物院前身）有关的往事，也走进他捐赠给山西博物院的那套《厚土荒山》作品背后的故事。透过那根根线条绘就的黄土高原，读懂一个海外游子对故土的无限思恋。

我是王满晟，非常高兴在此与大家分享2014年我在家乡山西博物院举办个人展览，捐献《厚土荒山》作品的缘由和一个海外游子对故乡的眷恋之情及自己艺术成长的一些经历。

2014年，受当时山西博物院院长石金鸣先生之邀，我在山西博物院办了我在山西的第一个个展（图一），为表达对博物院的感激之情，我捐献了一套作品，名为《厚土荒山》。它们是我在纽约生活了十八年后，描写记忆中故乡土地的作品。对于拥有四十余万件珍贵文物的山西博物院来说，这真是微不足道的。但是，对我个人而言则有着重要的意义，我的感激之情不只是为了给我这次展览的机会，更是为了我年幼时在山西省博物馆所得到的"启蒙"教育，并持续影响了我的一生。

我的祖籍是河北保定，父母于20世纪50年代迁来山西，1962年我出生在太原，山西的水土养育我成人。在学校读地理时知道了山西是典型的黄土高原，当时很少有人专门旅游，黄

图一 2014年"深山寻古木"展览现场与嘉宾合影

土高原是什么样？身在其中却并不清楚。小学、中学时每年清明节去东山烈士陵园扫墓，翻过一岭又一岭，走一天的山路，落一身的黄土，算是"见识"了这片黄土高原。高中前的远行要算暑假期间去过几趟在河北保定的姥姥家，从太原到保定当时要坐十多个小时的火车，穿过许多的隧道，山峦起伏，沟壑纵横，远近的柳树、槐树、白杨树点缀着层层叠叠的坡岭，只要车窗外有亮我就会一刻也不停地看着，心里油然生出一种冲动，总是琢磨怎么能将这厚重朴素而又壮观的风景记录下来呢？

1985年我从复旦大学毕业后去中央电视台工作，1990年去山西霍州拍摄过威风锣鼓，1993年为拍摄大型纪录片《黄河一日》去运城采访，后来又多次到晋北、晋南寻访古迹名胜，有机会多方面地了解山西的地理地貌，但是还有一种"不识庐山真面目"的感觉。直到1995年一次出差，坐飞机从三晋大地低空飞过，恰好是一个万里无云的晴朗天气，让我第一次清晰地从空中领略了黄土高原的风景。我屏住呼吸目不转睛地注视着这块我们称作故乡的土地，崇山峻岭，跌宕起伏，蔚为壮观！若干年后凭那天的记忆我做了系列作品《厚土荒山》。作品采用三幅横式连接求其宽阔，以鸟瞰俯视的角度写黄土高原的地貌，山峦起伏，沟壑纵横，广袤无际。蛋青色丙烯颜料之外，混合使用我自制的黑核桃墨，表现亿万年地质运动和气候变化影响所形成的地表肌理。当时身在地貌气候都截然不同的纽约哈德逊河谷，搜索记忆中对黄土高原的印象，寄托了我对故乡的思念之情（图二）。

听长辈们聊天话题常常离不开"乡土"、"故土"、"一方水土养一方人"，年轻时觉得"乡土"有什么好谈的？他们却总是那么满怀深情。"民以食为天"，庄稼蔬果全是从土里长出的，土地养活人是最原始最朴素的农耕思想，也是放之四海而皆准的道理。山西盛产煤更盛产土，二十世纪六七十年代，煤和土是我们天天离不开的东西。每天的烧水做饭除了用纯煤块、煤球儿之外，还有煤糕、煤泥。后两者都是自己在家制作的，用来"和煤泥"、"做煤糕"的土叫"烧土"，我们家姐妹们负责洗衣做饭，我每天的任务是挑水、和煤泥，天天与"烧土"打交道，对山西的土记忆深刻，永远不会忘记。

1981年，我去上海复旦大学读书，头一回出远门父母亲不放心，不光是路上，也担心在上海会出现"水土不服"。临走前父亲用纸包了一大块黄土放在我的行李箱内，嘱咐我说：到了上海会水土不服，头几个星期每天喝水时，掰一块家乡的黄土揉碎成末撒在杯子里，等土沉淀下去了再喝。这黄土过滤了的水就和家乡的水一样了。我用了一次，等了半天沉淀净了，一喝土又荡起，嘴里一股子土味儿。大学毕业时，父亲给的那块家乡的土还在箱子里，我虽然没有继续按他的嘱咐做，但是保留了它四年之久，这四年开箱拿衣物时每每看到它，也渐渐地明白了父亲的爱和这块黄土一样朴实。离开复旦校园时，我把它弄碎了撒在宿舍楼前的水杉树下，让山西的土留在这座培养出许多精英人才的著名学府（图三）。

水土养人，文化也养人，前者是物质的，后者是精神的。

图二　王满晟先生捐赠的《厚土荒山》系列作品

2010年我在北京的今日美术馆举办展览，将拙作九十余幅和十篇笔记编辑成册，其中第一篇笔记的题目是"启蒙"，记录了我小时候在山西省博物馆二部"纯阳宫"的经历。小时候在山西省博物馆懵懵懂懂度过的时光，既是我中国古代文化的启蒙教育，更是我后来痴心于中国书法绘画艺术的主要原因。

中学我是在太原七中读的，崇善寺和文庙与学校只隔着一条上马街，因为学校没有体育场，早操跑步就是围着这两处明清遗迹绕圈儿。下午放学后，我常去文庙（省博一部）看展览，万仞宫墙及棂星门上的琉璃游龙，还有门前的铁狮子都使用山西的特殊工艺，制作精美，气势不凡，让我流连忘返（图四）。

图三　大学时期的王满晟先生

图四　王满晟先生偕夫人、女儿在太原崇善寺留影

1981年我考入上海复旦大学中文系，选择研究古典文学和我在山西省博物馆的那段玩耍观摩的经历有关。1985年准备毕业论文时，又选择了研究乡贤傅山。也是因为七八岁时在纯阳宫第一次看到傅山先生的书法真迹，试着在自己的手心里临摹，以后多年研习傅山书法。当时在上海有关傅山的资料非常难找，一套线装本的《霜红龛集》是我的教授柳曾符先生托人从江苏省图书馆借来的。我趁回太原探亲休假的机会去山西省博物馆文庙办公室寻求帮助，巧遇吴连城先生。我们素不相识，他看到一个从太原去上海求学的年轻人想写乡贤傅山，非常高兴，放下手上的工作与我交谈多时，释疑解惑，有问必答，还找来

一些傅山研究的资料赠送给我，对我的论文写作有至关重要的启发和帮助。吴连城先生是省博的研究员，是傅山研究的专家，著作甚丰、德高望重，我庆幸有缘认识并聆听他的指教。

从离开太原后，我读书、工作、移居美国、游历世界，并在许多国家办展览。不论身在何处，每年都要回太原探亲，每次回去都会像儿时一样去博物院看展，四十多年从未改变。每次观展都有收获，近期画的一套名为《读新安画派》的册页，即是对2014年山西博物院"新安画派"展览的呼应和思索（图五、图六）。

图五　王满晟先生作品《山间泉响》被普林斯顿大学艺术博物馆收藏

图六　王满晟先生的作品被费城博物馆收藏

2012年，石金鸣院长来纽约参加在华美协进社举办的"生死同乐——山西金代戏曲砖雕艺术"展，我们相遇相识，一见如故，从山西文物到乡贤傅山，到中西文化交流，无所不谈，经过近两年的探讨切磋，石院长邀我回家乡办展，圆了我的梦。在名为《深山寻古木》的展览图录后记中我写道：在自己出生的地方办展，让年迈羸弱的父母、远隔万里的亲人和同生于三晋之地的人们看看我的作品，是多年的梦想。能在对我本人及我的艺术生涯有着深刻影响的山西博物院办展览，可以说是梦想成真了（图七）！我捐献的作品物虽轻，却表达了我的一种念恋，念恋生我养我的黄土高原，念恋陶冶我性情，启发我趣味的山西博物院。

图七 2014年王满晟先生展览暨捐赠仪式现场（左为王满晟先生，右为石金鸣先生）

讲述人、捐赠人介绍

王满晟

王满晟，1962年生于山西省太原市。1985年毕业于复旦大学中文系。1985年到1996年在北京中央电视台任编辑、导演、制片人。1996年至今，在美国纽约做职业艺术家，并在2009年至2020年，担任纽约佳士得中国艺术部顾问。于2014年向山西博物院捐赠个人作品《厚土荒山》。

此情可待成追忆

冀复生

　　这是一期不同寻常的《约读》故事，文物捐赠者是从山西走出来的早期革命者，他是动荡岁月里的经济学家。他有着国际的视野，更有着像海一样深的家国情怀。请让我们共同走近冀朝鼎先生和夫人罗静宜女士的捐赠往事，一起感受一代代中国人血脉中深藏的故土情怀。

　　山西博物馆邀我谈谈父母捐赠文物的事，说句老实话，我对这件事知之不多，但也勾起我对青少年时代的一些有趣回忆。父亲冀朝鼎是中国著名的经济学家、国际活动家、开展民间外交工作的杰出领导人。1927年加入中国共产党。1929年经周恩来批准，父亲回到了美国继续攻读经济学，获得哥伦比亚大学经济学博士学位。1941年回国，受命潜伏到国民党政府，主导经济工作。中华人民共和国成立后，父亲曾多次率外贸代表团赴西欧访问和举办展览，被誉为"中国最干练的经济学家"。1963年8月9日，父亲去世之后，母亲遵照父亲的遗愿于1964年将陈继儒、王铎、包世臣、华喦、傅山等名家书画50件捐赠给家乡博物馆（山西博物院）。

　　我青少年时期父母可不像现在的家长那么操心，他们相信学校一定会把我们培养好，他们则整天忙着自己的工作。我自小学起就一直住校，除了寒暑假，每周也只有一天在家。如果赶上父母参加运动（现在的年轻人可能都不知道运动为何物了，而我的一生有三分之一以上时间都伴随着各种运动），那即使在家里也只能在早晚见到他们一会儿（图一）。

然而，就在这难得的机会里父亲最喜欢做的事之一是带着我逛古董店，或让我欣赏他新购得的字画古玩。他多次对我说，现在革命成功了，将来国家最需要的是科学家和工程师，鼓励我学好数学和自然科学，但自相矛盾的却是给了我很多机会接触中国文化，甚至把他买到的一块端砚和一本碑帖册页给我，让我练字，似乎是又想让我和他成为"同道"。

图一　冀朝鼎全家福

那时的我也实在无知，看到傅青主的字居然大言不惭地说"还不如我写的"，惹得他哈哈大笑。那时的家里到处都堆放着各种古董，从家具到砚台，从字画、碑帖到铜器。最惹人注目的是众多佛像，木头的、石头的，尤以石头头像为多，以致一位阿姨说："你们家真是人头满地啊！"他多次指着唐代菩萨头像对我说，你看她们的下巴是不是和你妈妈很像？我一看还真是（图二）。

我们家按现在的标准并不大，楼上楼下六间房，加起来不过七十多平方米，其中还有他的办公室兼客厅，其拥挤程度可想而知。因此，对于捐赠文物我可是举双手拥护，觉得至少家里会宽松得多。现在回想起来，要是我有点悟性，跟着他学点儿古董鉴赏，没准儿现在也可成为"网红"了。

图二　罗静宜女士

近年来看到一些人的回忆文章，他常向党内外、国内外的朋友鼓吹：搜集古董，身后捐给博物馆，以保存中国文化（图三）。因为那时中国经历百年战乱之后，百废待举，人民收入不高，许多文物流散在市场，价格很低，国宝外流严重。

父亲的工资在当时算不低了，每月300元左右。他把100元给我母亲，支付全家五六口人的生活，加上我母亲近200元的工资，在当时生活水准已经算很不错了。他的200元"私房钱"，几乎全部买了古董（他几乎没有其他嗜好，在个人生活方面，连我都觉得他够抠门的）（图四～图一三）。

图三 冀朝鼎与齐白石

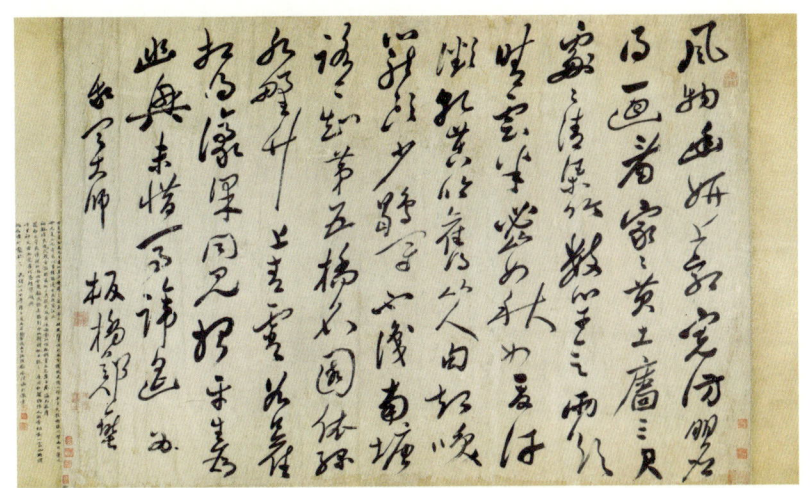

图四 清郑燮草书横幅
（1964年5月北京罗静宜捐赠）

图五 迹寿民芦雁横幅
（1964年5月北京罗静怡捐献）

图六 清严载山水轴（1964年5月北京罗静宜捐赠）

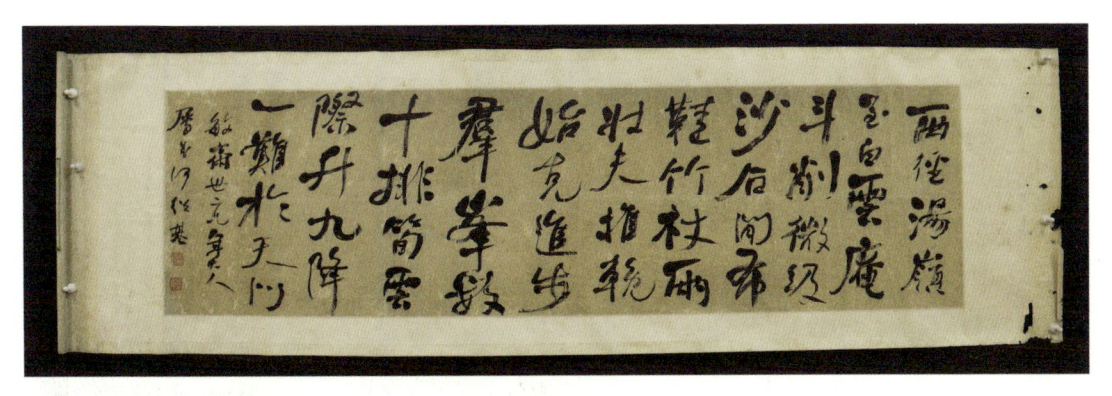

图七　何绍基行书横轴（1964年5月北京罗静宜捐赠）

图八　水陆画（1964年5月北京罗静宜捐赠）

图九　黄慎钟馗轴（1964年5月北京罗静宜捐赠）

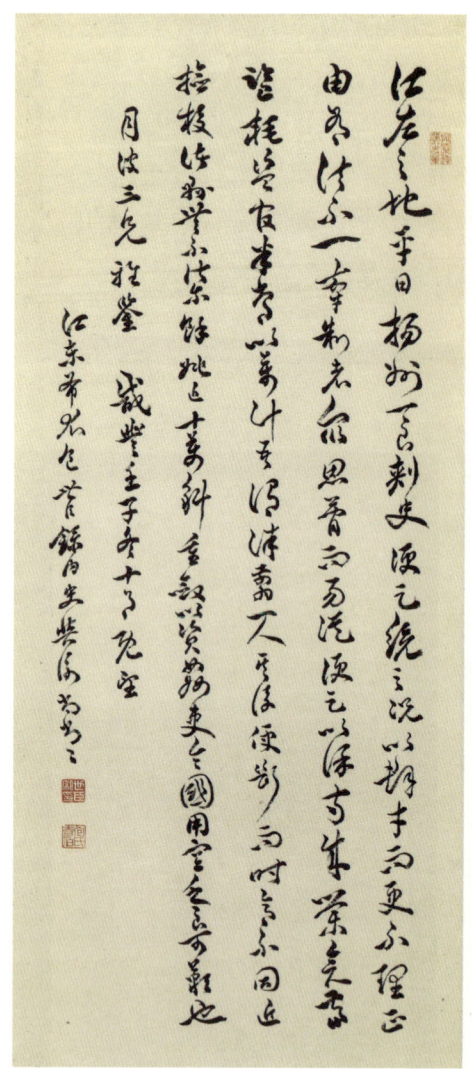

图一〇　包世臣草书轴（1964年5月北京罗静宜捐赠） 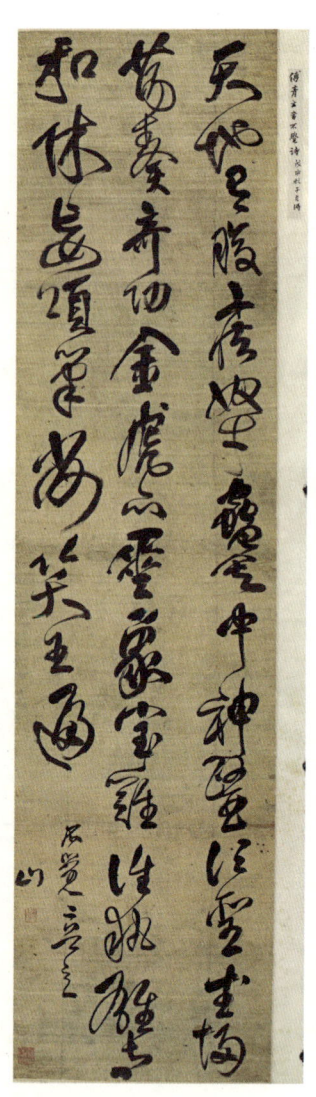　　图一一　傅山草书（不觉诗二首）轴（1964年5月北京罗静宜捐赠） 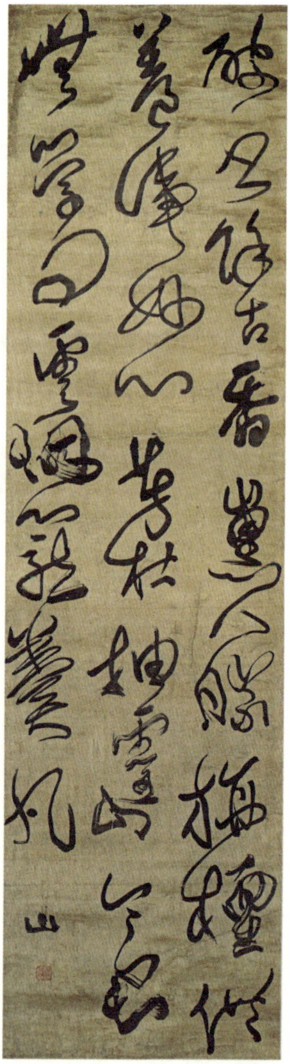　　图一二　傅山草书（破书）轴

那时的文物真是不值钱，一个宣德炉也就几十块钱，但您得懂得鉴别真伪。开始父亲也上过不少当，但到我懂事以后随他到古董店，常常听到那些老板恭恭敬敬地问他："冀老，您瞧这件儿怎么样？"

他去世后，母亲邀请故宫和山西省博物馆的同志来选择、

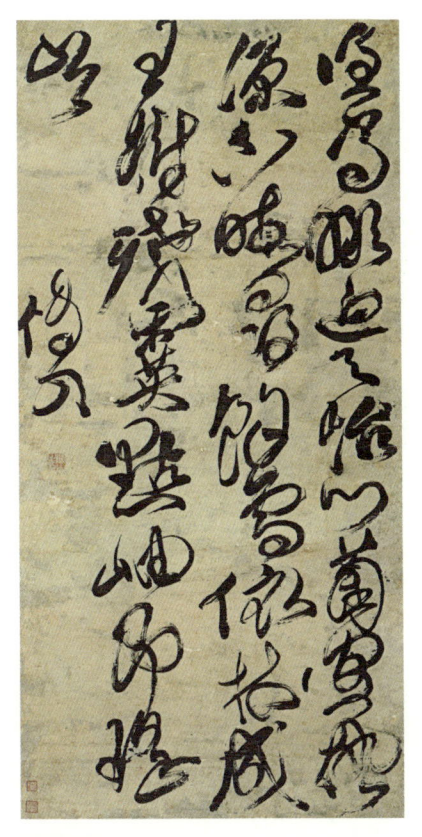

图一三　傅山草书轴（1964年5月北京罗静宜捐赠）

鉴别，几乎把我们家90%的文物都选走了，足见他的鉴赏水平之高。他在古玩界信誉也很高，那时的惯例，有信用的客户可以先把古玩拿回家鉴赏，满意了再付款，否则无条件退货。父亲去世很突然，所以去世后还有价值不菲的货款未付，母亲用他的抚恤金和自己的工资还了债。

如今我到了晚年，对父亲春风化雨般的教诲感激之余，常常感到有点小小的遗憾，望着自己写的蜘蛛爬般的毛笔字，真是愧对了父亲送给我的端砚和碑帖。

非常遗憾的是，在《约读》栏目策划过程中，2021年8月冀复生先生因病突然离世，先生参与项目留下的珍贵音频资料不想竟成为了他对父母捐赠往事的最后追忆。

"文物承载灿烂文明，传承历史文化，维系民族精神，是老祖宗留给我们的宝贵遗产，是加强社会主义精神文明建设的深厚滋养。保护文物功在当代，利在千秋。"中华民族的优秀文化遗产需要中华儿女共同守望，博物馆事业的发展更需要每位公民的关注和建设。社会捐赠是弘扬中华文明的善举和美德，体现了中华儿女爱祖国、爱家乡的拳拳之心，是中华民族生生不息的强大精神内核。

那些为博物馆事业做出了无私贡献的人们，将会被镌刻在文博事业的不朽丰碑上，值得我们永远缅怀。

讲述人介绍

冀复生

冀复生，1942年出生于甘肃省兰州市，1966年从清华大学无线电电子学系毕业后，被分配到北京一家通信设备厂。1978年被派到美国康奈尔大学进修。回国后，在清华大学电子工程系工作了四年，1985年调入当时的国家科委工作，先后任原国家科委技术市场中心主任、新技术局总工程师、基础研究与高技术司副司长和司长等职。1999年任中国常驻联合国代表团科技参赞，2002年底卸任回国。2005年《中国计算机学会通讯》创刊，担任首任执行主编，2016年获得中国计算机学会杰出贡献奖。

捐赠人介绍

冀朝鼎

冀朝鼎（1903～1963），号筱泉，笔名动平。山西汾阳人。中国著名的经济学家、国际活动家、开展民间外交工作的杰出领导人，在国际上享有很高的声誉。1916年考入北京清华学校。1919年在北京参加五四爱国运动，1927年加入中国共产党。1938年留学美国，获哥伦比亚大学博士学位，回国后受党中央指示，1941年受命潜伏到国民党政府从事经济工作。新中国成立后，历任中国国际贸易促进会副主席兼中国人民银行副董事长、中国拉丁美洲友好协会副会长等职。

后 记

"晋魂"是山西博物院的基本陈列，2005年向公众开放之后，得到了文博专家和公众的普遍好评，荣获了年度"全国博物馆十大精品陈列"，成为山西文化的知名品牌。

"晋魂"基本陈列为参观者提供了系统的展品和图文解读，但囿于展厅的有限空间，依然满足不了观众的个性化需求。如何为公众提供更多的博物馆知识、讲述更多的文物背后的故事，是公众服务部同事们经常思考和讨论的话题。微博、微信等新媒体技术的发明与普及，使"晋魂"展览的文化传播如虎添翼，继而让这些公众愿望的实现成为可能。根据展览主题和内容，博物馆人可以为观众提供展览空间无法容纳的、展品背后更多的知识和信息。

2016年，公众服务部规划了"约读·晋魂"课题，陆续为公众提供"晋魂"基本陈列的系统知识和有趣的故事。该栏目先后推出"考古人系列"、"晋博百年系列"，2020年推出"文物捐赠人系列"，邀请到捐赠者的亲友，讲述捐赠者背后感人至深的故事，共推送了20期，感动了很多观众和听众，也感动了我们自己，引起了社会公众的积极反响，同时也得到了国内博物馆专家和同行们的鼓励与肯定。

感谢钱悦珍、钱平、常孝东、吴晓梅、赵宝琴、刘超、雷亿、段晓飞、郝兰、郑江豹、闫晓荣、赵紫峰、苏海江、张宏芳、冀复生等老师先后应邀为公众讲述捐赠人捐赠背后的故事；感谢王纯杰、田亦军、张培林、王满晟等老师们以捐赠人的身份为我们讲述捐赠的心路历程；感谢曹玉琪、李勇老师为我们讲述山西博物院捐赠工作的开展情况及幕后故事。我们对他们的情怀与慷慨，深表敬意和感谢！

"约读·晋魂"之"文物捐赠人系列"由山西博物院公众服务部实施，李平主持，温晓苗负责项目的整体协调及音频录制工作，王佳、韩敏负责文稿审核、编辑和推送，本书根据约读老师们的录音稿整理而成，谨以此书向所有文物捐赠人致敬！

石金鸣老院长曾多次给予本项目鼓励和指导，张元成院长为本书撰写了序言，学术研究部主任陈汾霞参与了项目推广传播，藏品研究部提供了捐赠人名单以及文物的详细信息，文物数据部提供了捐赠文物的高清图片及数据信息，对外交流部负责了微信平台技术推送，在此一并致谢！

编　者

2023 年 11 月